AF250530

L

RÉFLEXIONS

D'UN

ROYALISTE.

RÉFLEXIONS

D'UN

ROYALISTE,

Par M. Frédéric DOLLÉ.

« Il est plus glorieux de se relever
« d'une faute, que de n'être jamais
« tombé. »

Fénelon.

J.-J. BLAISE, Rue Férou-Saint-Sulpice, N° 24;

DENTU, Palais-Royal.

ET TOUS LES MARCHANDS DE NOUVEAUTÉS.

JUIN.—1831.

RÉFLEXIONS

D'UN ROYALISTE.

Depuis la révolution de juillet, il n'est pas de calomnie que l'on n'ait inventée contre les Royalistes ou Légitimistes : la tribune élective a long-temps retenti d'outrages contre eux; le journalisme n'a pas manqué de prêter main-forte à la tribune, et le barreau lui-même a donné son coup de lance contre un vaincu dont le seul bouclier est une conscience sans reproche et un sincère amour de la patrie.

Dans tous ses réquisitoires, le chef du parquet a justifié sa devise : *Guerre à mort aux vaincus! Guerre à outrance à ceux qui ne pensent pas comme nous!* On se rappelle le fameux Brennus, qui, ayant surpris et fait capituler les défenseurs du Capitole, jeta son baudrier dans la balance. *Mal-heur aux vaincus* [1], s'écria-t-il, en insultant à leur détresse et à leurs remontrances; mais comme la

---

[1] *Væ victis!.....;*

Providence veille sur les opprimés, et que tôt ou tard elle rend justice à qui de droit, un secours inespéré vint sauver les Romains ; Camille se vengea de l'ingratitude de ses concitoyens en les sauvant, ainsi que la patrie, des dangers dont ils étaient menacés : à la tête des siens, le dictateur refoula jusqu'aux rives du Rhin les barbares qui, un instant auparavant, étaient si fiers et si audacieux ; c'est ce qui arrive quand la force brutale tient la place de la raison. Pour compléter la parité d'époques, il ne nous manque que l'exilé Camille ; car, pour Brennus, nous le trouvons dans M. le procureur général, voulant remplacer par une massue la balance de la Justice.

Dans un procès encore récent, M. Persil n'a pas craint de dire que, quand même Henri V serait rappelé par la volonté nationale, ce serait une calamité pour la patrie. Eh quoi ! vous avez proclamé la souveraineté de la nation, et, dans tel ou tel cas, vous la qualifieriez de *calamité !* La souveraineté du peuple a changé la face de la France et nous devons obéir à ses lois et au chef qu'elle a choisi..... Mais s'il plaisait à cette majorité de rappeler Henri V, parce qu'il serait le Camille de la France, il faudrait vous soumettre également, ou être parjures ; car je ne comprends pas la souveraineté du peuple temporaire. Au reste, il est étonnant que des magistrats aient une si mauvaise opinion des lumières de la France. Si une illégalité l'a forcée de s'écarter de ses intérêts, je ne vois rien de plus naturel que l'aveu de son erreur et son retour vers la raison. Il y a encore des hommes assez ennemis de leur pays pour chercher à le tromper par des illusions; mais le beau temps des utopies est passé. C'est pour des ambitieux qu'on a fait la révolution; c'est pour eux encore qu'on voudrait égarer le pays en lui dessinant mal le plus bel avenir qui fût jamais.

Depuis dix mois, on a représenté les Royalistes comme voulant la guerre civile, la république et l'invasion étrangère. Le but de ces manœuvres est facile à deviner, il consiste à éloigner des Royalistes les hommes de bien de tous les partis. Enfin dans les journaux, à la tribune et au barreau, on a peint les Royalistes sous de fausses couleurs. Peintre moins habile, mais plus vrai, je vais essayer de leur donner des nuances plus exactes : il serait indigne de la grande nation de lancer l'anathème contre une classe d'hommes qui veut, avant tout, l'ordre public, la liberté et la gloire de la France.

Quand on voit l'attitude calme et imposante des Royalistes au milieu de notre chaos politique ; quand on les voit prêcher la sagesse et la paix en face du volcan des passions ; quand ils opposent une sécurité grave au trouble et à l'effervescence, les politiques impartiaux ne peuvent se défendre de quelque admiration pour des hommes qui se soumettent sans réserve à tous les décrets de la Providence ; quand, par leur conduite et leurs vœux, on peut se convaincre que, pour arriver au bonheur de la France, ils ne veulent ni d'une invasion qu'ils aideraient à repousser si elle se présentait, ni d'une république qu'ils ont toujours détestée comme contraire à son repos intérieur et extérieur, et comme devant entraîner sa ruine ou la courber sous le joug d'un nouveau Bonaparte ; ni d'une guerre civile qu'ils abhorrent ; ils l'ont prouvé à la révolution de juillet.

On dit sans cesse que si les Royalistes n'ont pas pris le mousquet au 27 juillet, c'est qu'ils étaient cachés, et qu'ils n'ont pas osé défendre le parti qu'ils voudraient faire triompher aujourd'hui, en briguant et en sollicitant l'appui des étrangers : erreur. Si notre conviction nous a fait Royalistes, cela ne veut pas dire que nous devions être les partisans des fautes commises par la restauration ; si nous n'avons pas voulu soutenir l'illégalité des ordonnances, on ne peut nous en faire un crime. Si nous avions dû prendre les armes, c'est dans les rangs du peuple que nous eussions combattu, parce qu'il se battait pour la foi jurée et aux cris de *vive la Charte!* et que, selon nous, l'insurrection a été juste jusqu'au 3 août. Mais elle a cessé de l'être quand on a brisé la Charte pour laquelle on s'était soulevé, quand on a créé une nouvelle dynastie au préjudice d'Henri de France qui offrait au pays toutes les garanties désirables ; quand on a éliminé de la chambre héréditaire un certain nombre de pairs qui n'avaient été élevés à cette dignité que pour servir de contrepoids à la fournée de M. Decazes. Quand nous avons vu cette manière d'agir, nous nous sommes trouvés heureux de n'avoir point participé à une révolution qui est devenue une calamité au lieu d'être une leçon salutaire. Malgré notre opposition au nouveau gouvernement, nous avons la consolation de n'avoir rien fait qui puisse lui inspirer des moyens extrêmes contre nous. Et certes, il n'eût dépendu que des Royalistes de ranimer l'ombre des Larochejaquelin et des Charette ; d'un seul mot l'héroïque Vendée [1] eût retrouvé ses armes victorieuses ; tous auraient voulu mourir pour la défense des droits de Henri V ; tous auraient voulu aller rejoindre leurs pères en défendant la même cause qu'eux : *Dieu, la France et le Roi!* Aucune démonstration hostile n'a été faite par nous : nous voulions la paix et l'ordre. C'est seulement par la persuasion, par une entière conviction que nous désirons ramener les esprits égarés, mais jamais par la force des armes ; nous aimérions mieux sacrifier nos plus chères affections que de faire répandre une seule goutte de sang français. Nous n'imiterons pas la philanthropie de

[1] Dans l'espace de sept années, on compte 200 prises et reprises de villes ; 700 combats particuliers et 17 batailles rangées. La Vendée tint de 60 à 70,000 hommes sous les armes ; elle combattit et dispersa 300,000 hommes de troupes réglées, et 600,000 réquisitionnaires et gardes nationaux ; elle prit 500 pièces de canon et plus de 450,000 fusils : 600,000 défenseurs des Bourbons ont péri en défendant les droits de cette auguste famille. On évalue à 150 millions la perte causée par l'incendie des moissons, des bois, des grains, des bestiaux. Toutes ces dévastations étaient faites par la *colonne infernale*, envoyée dans la Vendée par un décret de la Convention de septembre 1793. Il portait qu'il serait envoyé dans cette contrée des matières combustibles pour incendier les bois, les taillis, les guérets qui servaient d'asile aux Vendéens armés contre la république ; que les forêts seraient abattues, les maisons rasées, les récoltes coupées pour être portées, ainsi que les bestiaux, sur les derrières de l'armée.

ces soi-disant patriotes qui ont dit à la tribune que *chaque Français aura à donner son dernier écu et son dernier enfant* pour le triomphe de leur cause, et qu'à *quelque extrémité que la patrie soit réduite*, ils ne transigeront jamais avec telles ou telles personnes...., quand même elles ramèneraient le bonheur qui a disparu avec elles.

Ce que les Royalistes n'ont pas fait, le gouvernement n'a pas craint de le faire ; il a donné l'ordre d'abattre les croix, objets de vénération de la Vendée, et il a choisi le plus léger prétexte pour établir un camp à Chollet, afin d'en finir plus tôt avec les glorieuses contrées qui ont donné dès preuves d'une fidélité et d'une valeur si exemplaires. Toutefois, le gouvernement de 1831, qui se croit sans doute très-sage et très-habile, devrait consulter le discours suivant d'un conventionnel : « Il est temps de dire la vérité : *la guerre de la Vendée n'a été rallumée que par les horreurs qu'on a commises dans ce pays.* Il est bon que vous sachiez, citoyens, qu'un représentant du peuple, après avoir promis une amnistie aux habitans de ce pays, s'ils déposaient leurs armes, les a fait fusiller lorsqu'ils ont été désarmés : c'est Carrier. On lui amène une femme, qui peut-être était coupable, je n'en sais rien ; elle fut fusillée. Cette femme avait deux enfans, l'un âgé de trois ans et l'autre de vingt mois ; lorsqu'elle fut morte, on examina ce qu'on ferait de ses enfans. Si on les laisse vivre, dit-on, ils se souviendront du traitement qu'a éprouvé leur mère, ce sont des serpens que la république nourrira dans son sein..... qu'ils périssent ! ! ! »

Il est douloureux d'exhumer les souvenirs de la Convention ; mais cet exemple de modération d'un de ses membres sera peut-être profitable au gouvernement qui envoie une armée pour réduire la Vendée, et un général chargé d'exercer tous les pouvoirs qu'il jugera nécessaires pour *rétablir le règne des lois !* Mais où les lois ont-elles été violées ? Est-ce pour deux cents réfractaires et une centaine de vagabonds qui parcourent les campagnes qu'il faut jeter l'alarme dans toute la France, et même dans l'Europe ? N'eût-il pas été plus convenable et surtout plus rassurant d'avoir recours aux autorités locales pour *pacifier la Vendée ?* La mesure impolitique de M. Casimir Périer aura le double inconvénient d'aigrir contre le gouvernement les départemens de l'Ouest jusqu'ici résignés, (malgré les visites domiciliaires), et d'enhardir les étrangers à nous faire la guerre croyant que nous sommes encore au temps où la Convention proclamait la déclaration suivante : « Soldats de la liberté, il faut que les brigands de la Vendée soient exterminés avant la fin du mois d'octobre ! Le salut de la patrie l'exige ; l'impatience du peuple français le commande ; son courage doit l'accomplir. La reconnaissance nationale attend à cette époque tous ceux dont la valeur et le patriotisme auront affermi sans retour la liberté et la république ! »

Espérons que les troubles de l'Ouest ne deviendront pas plus sérieux, et que le gouvernement saura désormais que ce n'est pas par la rigueur qu'on pacifie une contrée héroïque et fidèle.

Nos libéraux se figurent qu'il nous faut du désordre !..... Un sincère amour pour le bien, et le repos de la France, voilà quel a été jusqu'à ce jour et quel sera désormais le motif des constans efforts des Royalistes. Si nous différons sur les remèdes à apporter au pays, si notre conviction nous entraîne dans des espérances pleines de bonheur pour lui, c'est une preuve que nous aimons la patrie et que nous ne voulons que sa prospérité. Notre cause est toute de principes et non une question de personnes. Nous disons : La légitimité est renversée;

l'hérédité de la pairie est contestée. Puisque ces deux grandes institutions représentaient la propriété, et qu'elle n'a plus aucune garantie, c'est ici que commence une opposition franche et loyale envers un gouvernement qui n'offre de protection que pour une fraction de citoyens, quoique tous soient habitans de la France et participent également aux charges de l'état.

Du reste, nous serons les mêmes qu'avant l'exil des Bourbons. Si on nous retire des emplois publics; si on nous ôte les moyens d'être utiles à notre pays, nous n'en ferons pas moins des vœux pour que son repos soit parfait, et c'est aux élections que nous porterons toute notre influence, afin d'éclairer le pays sur ses véritables intérêts. Nous n'emploierons aucun des moyens dont nos adversaires se sont servis. Nous nous passerons, nous Royalistes, de toutes les conspirations permanentes dont les libéraux ont infecté la France pendant quinze années, et de la comédie qu'ils ont jouée sous la Restauration. Nous donnerons l'exemple de la soumission aux lois; si nous n'admettons pas la légalité de certains actes, ce n'est pas une raison pour troubler l'ordre que nous serons les premiers à faire respecter, ne désirant obtenir la victoire que du temps et de la raison publique, à qui nous soumettons volontiers la solution de ce dilemme, de qui dépendent les destinées de la France.

Néanmoins, les Royalistes, d'accord avec tous les bons Français, se sont effrayés d'une révolution qui jetait la France dans un provisoire illimité, et la quasi-anarchie ; ils se sont indignés quand ils ont vu les domiciles violés par l'ordre d'un minis-tre du roi ; quand ils ont vu la liberté individuelle suspendue au mépris des lois et de la Charte qui devait être une *vérité ;* quand ils ont vu le commerce et l'industrie mourir dans les bras d'une révolution qui leur avait promis une gloire éternelle et qui ne leur a donné que la misère aujourd'hui, et une ruine générale en perspective, si la Providence ne protégeait pas *ce beau royaume que Rome expirante enfanta au milieu de ses ruines, comme un dernier essai de sa grandeur.*

Pendant quinze années, les libéraux ont conspiré contre les Bourbons et contre la Charte ; ils n'ont pas craint de l'avouer à la tribune de la chambre des députés. Mettez-nous au pouvoir, disaient-ils, et vous jouirez de toutes les libertés que nous demandons ; vous aurez la stricte observation de la Charte ; vous aurez d'immenses économies au budget; le commerce et l'industrie prendront un nouvel essor; le monopole sera aboli; les élections seront plus libérales, nous secourrons les peuples qui envieront notre bonheur; enfin les masses seront heureuses.

Tant qu'ils n'ont pas été au pouvoir on a pu ajouter quelque foi dans leurs jérémiades; mais aujourd'hui qu'ils sont au comble de leurs vœux, qu'ont-ils fait pour le bonheur de la France ? Rien. M. Laffitte qui se plaignait de l'énormité des budgets de M. de Villèle, en a apporté un de trois cent millions plus fort que ceux du ministère *déplorable*; il a demandé que l'on vendît une partie des bois de l'état pour subvenir aux dépenses *extraordinaires*, et puis sont venus les emprunts, les centimes additionnels, etc. M. Sébastiani, qui invoquait la générosité de la France pour porter des secours aux Grecs, est maintenant au pouvoir, et il abandonne les Belges et les Polonais qui ont été nos auxiliaires et qui nous sont restés fidèles aux jours de l'adversité. Leur Charte devait être une *vérité* et elle n'a été qu'un *mensonge;* elle promettait la protection pour tous les cultes, et elle a laissé abattre le signe de notre salut; elle promettait la liberté individuelle, et des *lettres de cachet*, pardon, je me trompe, des mandats d'arrêt ont été lancés contre des citoyens paisibles : après les avoir laissés deux mois en prison, on a déclaré qu'il n'y avait pas lieu à suivre ; et les cours royales ont refusé de rendre justice à qui de droit. La *charte-vérité* promettait l'inviolabilité du domicile, et des visites domiciliaires ont été ordonnées par   . de Montalivet, quand Danton lui-même demandait des lois à la Convention pour user d'un tel excès d'arbitraire. La révolution a été faite par le peuple, on a proclamé sa souveraineté, et, au total, on n'a rien fait pour lui, sa misère l'atteste ; la révolution a été faite en horreur du monopole, et le monopole a été conservé et accru ; elle a été faite pour soulager les contribuables d'un budget énorme, et la révolution, avec ses économies, ses suppressions de retraites, en a apporté un de seize cent millions, et seulement pour se mettre sur le *pied de paix* ; enfin, ils nous promettaient un paradis terrestre : regardez la France, et voyez comme ils ont tenu parole.

On promettait une loi d'élection sur des bases plus libérales, et on a abaissé le cens à 200 fr. ; mais pourquoi pas à 25 fr., à 10 fr., comme M. Berryer le demandait ; comme la *Gazette de*

France le voulait également? Ce qui est incroyable, c'est que M. Lafayette, l'homme populaire de notre époque, a soutenu le monopole de 200 fr. Je le demande, pourquoi n'a-t-on pas fait électeurs tous ceux qui pourvoient aux charges de l'état, soit de leur fortune comme propriétaires, soit de leur personne dans la garde nationale. C'est alors que vous auriez eu une véritable représentation nationale, tandis que vous n'aurez encore que les fruits des intrigues des partis. On a dit *que si l'on abaissait ainsi le cens on aurait des élections royalistes.* S'il en est ainsi, vous n'êtes donc pas la majorité de la nation, vous n'êtes donc qu'une faction chargée de contenir cette majorité, et la souveraineté du peuple que vous avez proclamée n'est qu'un instrument dont vous vous êtes servi pour tromper la France, mais qui vous terrassera un jour, parce que la véritable souveraineté nationale ne souffrira pas qu'on se joue impunément de la fortune de la France. Pour qu'on sache à quoi s'en tenir, il faut une élection générale, il faut, comme le voulait M. de Villèle, que les électeurs soient dans le plus grand nombre possible.

Je ne dirai rien de la loi municipale, car c'est le comble de la folie que d'avoir maintenu une centralisation qui fait de toutes nos provinces un humble vassal obligé de ramper devant le suzerain de Paris.

D'après ce que nous voyons journellement, il est impossible de dépeindre la forme du gouvernement qui nous régit.

Sommes-nous en république? Sommes-nous sous une monarchie? ou plutôt existe-t-il un gouvernement en France? Tout ce qui m'entoure ne sert qu'à me mettre dans le doute. S'il en existait un, il ne saurait tolérer un grand nombre d'excès qui dégradent la nation française. M. Pasquier a dit qu'un ministère était plus coupable de *tolérer* un acte que de l'*autoriser*; j'invite MM. les ministres à faire usage de ce conseil On ne peut nier qu'il n'y ait beaucoup de mauvaise foi à souffrir une licence telle que celle qui existe aujourd'hui. Est-ce de la liberté que cette nuée de petits écrits anonymes, dont l'unique but est d'anéantir la religion, la morale et l'obéissance, qui sont les bases de toute société humaine? Je m'arrêterai principalement sur un fait qui mérite bien quelque attention de la part de quiconque est ami de la vérité. Je veux parler d'un écrit qui a la coupable prétention de prouver que la naissance d'Henri V est une duperie, et que, conséquemment, il n'y a aucun mal à s'emparer de son héritage.

Toutes ces jolies choses se crient sous les fenêtres de Philippe Ier, et cette exécrable brochure se vend chez tous les libraires du Palais-Royal et se colporte dans toutes les rues de Paris. Dans les premiers jours de la révolution ces exagérations étaient excusables ; mais aujourd'hui, que tout est dans une quasi-tranquillité, on ne conçoit pas que l'on puisse souffrir de pareilles sottises. Ce qui lui donne une authenticité capable de tromper les gens honnêtes, c'est que l'on a pris le nom du duc d'Orléans pour faire une protestation contre la légalité de la naissance d'Henri V.

Je conçois que le roi des Français ne puisse s'occuper de si petites choses, en démentant officiellement toutes ces calomnies répandues en son nom ; mais je ne conçois pas l'incurie de ses ministres qui tolèrent des choses aussi scandaleuses.

Je ne m'efforcerai donc pas de prouver que le duc de Bordeaux est l'enfant de madame de Berri, je croirais être ridicule, et entrer dans le complot contre la raison et le bons sens. . . . .

. . . .

Dans tous les pamphlets et caricatures qui pullulent dans Paris, je ne reconnais pas la générosité et la modération tant vantées par les journaux. Qu'ont fait mesdames d'Angoulême et de Berri pour mériter les atrocités dont on les accable chaque jour? du bien, seulement du bien. Partout où il y avait des malheureux à soulager, des artistes à encourager, on était sûr de rencontrer le nom de ces augustes princesses, dont les bienfaits et les grandes infortunes resteront à jamais gravés dans le cœur de tous ceux qui les ont connues... Certes, quand on y réfléchit sérieusement, on a peine à concevoir l'existence d'un gouvernement qui a l'impudeur de souffrir que l'on vende des ouvrages qui ont pour titre : *Vie scandaleuse et criminelle de mesdames d'Angoulême et de Berri*, quand il n'y a pas d'expression pour louer tant de vertus et de sentimens généreux! Ce qui prouve davantage que ces pamphlets sont l'ouvrage de malheureux écrivains sans conscience et sans réputation, c'est qu'aucun ne porte le nom de l'auteur, qui a la bassesse de se couvrir du vaste manteau de l'anonyme, comme un lâche soldat qui se cacherait dans l'ombre pour assassiner un héros qu'il n'oserait combattre.

De tous les temps les Bourbons ont voulu là gloire de la France. Écoutez le vœu de cette princesse proscrite : « J'aimerais mieux, pour mon fils, « une chaumière dans la Bretagne, qu'un royaume « donné par les étrangers. » Les vœux de l'enfant du miracle ne sont pas moins patriotes. Entendez cet enfant royal qui dit à *Mademoiselle*, sortant de communier : « *Ma sœur, puisque Dieu n'a rien à te* « *refuser, demande-lui le bonheur de la France.* »

Existe-t-il un bon Français qui n'ait gémi en voyant les scènes qui se sont passées le 14 février à Saint-Germain-l'Auxerrois? Que de honte! que de scandale dans un seul jour! Quelle tache pour un gouvernement qui a protégé et secouru tant d'iniquités! Voyez ces croix qui succombent sous l'effort des salariés du ministère! Voyez ces temples pillés, ces églises dévastées, ces autels de Dieu foulés aux pieds! une populace dépravée qui danse et chante sur les ruines de nos monumens les plus sacrés! Voyez cette foule égarée qui se réjouit dans le désordre! Ecoutez ses cris sinistres, ses applaudissemens lugubres! Cette joie, cet enthousiasme, tout cela est pour des pierres qui tombent sous le marteau dévastateur du peuple souverain. Avec quel délire il détruit les propriétés particu-

lières et les monumens publics! et sous la protection du gouvernement de la France [1].

Qu'on nous vante maintenant le respect de l'autorité pour la religion de *la majorité des Français!*
Les preuves du contraire sont sur tous les monumens religieux de Paris. Ceux qui ont toléré de
pareils actes seront justement méprisés quand le
peuple, revenu de son erreur, saura enfin qu'il
n'était que l'aveugle instrument de toutes les
trames dirigées contre la tranquillité de la France ;
quand il saura qu'il n'a travaillé que pour quelques
ambitieux impatiens de commander! Que dira la
postérité en voyant les décombres de Saint-
Germain-l'Auxerrois, de Saint-Paul et de l'arche-
vêché? Que dira-t-elle quand elle apprendra que
c'est sous l'égide des lois de la révolution de juillet,
sous le règne de la liberté et de la gloire nationale
que l'on détruit des monumens que le temps et
les siècles avaient respectés, que les autres insurrections avaient vénérés, et que les étrangers eux-

---

[1] Il n'a pas fait arrêter les dévastateurs que la loi atteignait
dans son article 256 que voici : « Quiconque aura détruit, abattu,
mutilé ou dégradé des monumens, statues ou autres objets
destinés à l'utilité ou à la décoration publiques, et élevés par
l'autorité publique ou avec son autorisation, sera puni d'un
emprisonnement d'un mois à deux ans et d'une amende de 100
à 500 francs. »

mêmes, deux fois maîtres de notre capitale, n'ont pas osé profaner.

Dans les départemens, même mépris pour la religion (de la part des autorités), mêmes persécutions pour ceux qui la professent. Cependant, le gouvernement devrait savoir que la religion Catholique est exercée par la majorité des Français, et que les atteintes qui lui sont portées sont aussi funestes aux peuples qu'aux rois.

Il est des journaux qui prétendent que le Christianisme est une religion usée et incompatible avec la liberté, c'est une erreur : le Christianisme ne s'oppose ni à la liberté, ni au progrès des lumières; au contraire, il les enseigne ; car la dignité de l'homme est consacrée par l'unité de Dieu, et elle est dégradée dans toutes les autres croyances.

Que le gouvernement s'en souvienne, une bonne religion est la base de tout édifice social, et la politique n'en est que le sommet; l'indifférence en matière de religion est une question de vie et de mort pour un empire, tandis qu'en politique le parti vaincu aujourd'hui, est vainqueur demain... les arrêts de la Providence demeurent seuls immuables!

Qu'importe ce vain flux d'opinions mortelles,
Se brisant l'une l'autre en vagues éternelles,

Et ne répandant rien sur l'écueil de la nuit
Que leur brillante écume et de l'air et du bruit !

Les Catholiques ne peuvent pas avoir une grande confiance dans un gouvernement dont tous les actes, en matière de religion, ont été tyranniques ; dans un gouvernement qui renverse les calvaires ; dans un gouvernement qui pousse l'arbitraire jusqu'à contrarier les dernières volontés des mourans, s'ils désirent donner quelques secours à nos institutions religieuses ; dans un gouvernement qui fait abattre les croix dans les campagnes, au mépris des larmes, et en dédaignant les prières de leurs habitans. Au mépris de leurs larmes, car on se rappelle encore la translation de la croix de Toulon ; la majorité des citoyens était dans une consternation extrême ; hommes, femmes, vieillards et enfans suivaient cette croix, qu'une administration musulmane aurait laissée à la vénération des fidèles ; mais une administration française, salariée par des Catholiques, a osé faire enlever ce signe de notre salut, ce saint monument qui rappelle à chaque Chrétien ses devoirs, et devant lequel le voyageur s'incline et trouve du courage, devant lequel l'artisan et le riche deviennent égaux et se prosternent en demandant les grâces du Seigneur.

J'ai vu profaner un temple saint par une réunion de gardes nationaux qui, le prenant pour une *maison non habitée*, y sont venus faire leurs élections de chefs; j'ai vu donner un banquet patriotique de quatre cents couverts dans cette même chapelle devenue une auberge à 30 sous par tête; j'ai vu monter en chaire les convives et y porter leurs toasts à *la liberté* et à tous *les avantages de la révolution*.

J'ai vu aussi un pouvoir oppresseur priver de ses emplois publics un habile médecin, père d'une nombreuse famille, parce qu'il devait son élévation à un zèle éclairé et à la confiance de ses concitoyens, parce qu'il avait donné ses soins aux séminaires et aux couvens.

Le maire de Pamiers s'est partagé avec les siens les dépouilles de M. Lagarde : ce dernier n'a demandé qu'une réparation pour tant d'injustice et il l'a obtenue. M. le maire proposait des hommes étrangers à la ville pour être chefs de la garde nationale. M. le docteur Lagarde a demandé le grade de capitaine, et il a été élu; mais M. le maire, dans son dépit de ne pouvoir confier les intérêts d'un pays à des étrangers, a voulu punir le peuple de son insubordination et de la liberté qu'il s'était permis de prendre en nommant un chef de son choix, par le désarmement et le refus de ses services. Malgré toutes les instances du capitaine Lagarde, unies à celles du préfet, du sous-préfet et du commandant le département, cette compagnie a été privée de l'honneur de concourir au maintien de l'ordre, et on a refusé d'elle le serment de fidélité que l'on a exigé *individuellement* de tous les autres gardes nationaux. De plus, M. le maire a prononcé la dissolution de la compagnie Lagarde, et les hommes qui la composaient ont été répartis dans les autres compagnies. Cependant, là, comme ailleurs, c'était le peuple souverain qui avait usé de ses droits; mais il paraît aussi que là, comme ailleurs, on se moque du peuple souverain dès qu'on peut se passer de lui.

Quant au serment, j'en dirai fort peu de chose : c'est une question délicate qui ne souffre pas la moindre atteinte.

Celui qui refuse de prêter un nouveau serment, parce qu'il l'a prêté à Louis XVIII et à sa postérité, ne peut être blâmé; c'est un acte de conscience qu'il n'appartient à personne de qualifier. Dans cette honorable catégorie se trouvent MM. de Châteaubriand, de Saint-Roman, de Kergorlay,

de Conny, Ravez, etc., tous connus par un iné-
branlable attachement à la famille de nos rois et
au bonheur de la France qu'ils ont rendue la première des nations, non-seulement par la gloire
militaire, mais par la prospérité au-dedans.

Dans l'autre catégorie sont MM. de Fitz-
James, Pasquier, Berryer, Dreux-Brézé, Marti-
gnac, etc. On ne doutera pas de l'opinion de
M. de Fitz-James, qui fut l'ami de Charles X ; son
serment est donc le résultat d'un grand dévouement à la patrie, puisqu'il a sacrifié les affections
de toute sa vie au repos de la France ; certes, on
doit lui savoir gré d'une aussi noble conduite, et
on doit les mêmes éloges à tous ceux qui n'ont pas
reculé devant le serment ; car, si tous les Royalistes
s'étaient ainsi condamnés à la mort civile, il ne
resterait plus d'espoir pour le triomphe de leur
cause. Il vaut mieux, selon moi, se présenter aux
colléges électoraux et user de toutes les ressources
que la loi nous offre ; car c'est servir son pays que
d'employer son influence pour obtenir des représentans qui ne l'aient jamais jeté dans le désordre et l'anarchie.

Quant à M. Pasquier, dont la vie politique n'a
pas été sans variations, la question est plus em-

barrassante. En 1819, on le vit s'élever contre la loi d'élections qui introduisait dans la chambre élective un principe qui tendait au renversement de la monarchie légitime. De si purs sentimens étaient dignes du noble pair et de la France, qui les partageait..... Son intimité avec plusieurs personnages *à vues fixes* le fit changer tout à coup : après avoir exprimé les sentimens du plus pur royalisme, il s'est associé à la défection qui a envoyé Charles X à Holyrood. S'il fallait en croire ses antécédens, le noble pair aurait voulu la révolution, et son serment serait le résultat d'un travail médité qui l'a conduit aux honneurs en faisant triompher les principes subversifs de l'ordre, bien qu'antérieurement il se soit élevé contre cette souveraineté du peuple à laquelle il se soumet aujourd'hui. *O tempora! o mores!*

Pourtant je me plais à croire que toutes ces conjectures sont fausses ; que le noble pair n'était pas intéressé à l'accomplissement de la révolution, et que son serment est comme celui de beaucoup d'autres, un serment de nécessité, un vœu pour le prompt rétablissement de l'ordre ! S'il en était ainsi, il n'y aurait que des félicitations et des louanges à donner à des hommes qui ont tout fait pour que la France soit heureuse ; autrement, il y aurait *comédie de quinze ans.*

Ce calcul est parfait pour celui qui veut réfléchir un peu ; mais la France, prise en masse, que doit-elle penser de tous les sermens que ses représentans ont prêtés comme par complaisance? Quelle confiance veulent-ils lui inspirer ceux qui ont prêté serment à la Constitution de 91, à la Convention, au Directoire, au Consulat, à l'Empire, à la Charte, puis à l'Empire, puis à la Charte, et qui ont violé tous ces sermens? Ils ont trahi leurs sermens de fidélité à cette Charte ; il s'en est suivi une double abdication en faveur de Henri V, qui, lui, a été élevé parmi nous ; et nul doute qu'il n'ait contracté les mœurs et les habitudes du siècle ; car à son âge l'esprit est souple et s'accoutume facilement à bien faire. En ne méconnaissant pas les droits du duc de Bordeaux, on eût pu éviter bien des malheurs ; car nulle puissance n'avait le droit de nous demander compte de nos actes ; avec lui tout était légal et équitable.

N'en doutons pas, la raison et la justice sortiront de notre chaos politique ; le Christianisme et ses ministres ne seront plus opprimés, la liberté

sera pour tous les Français sans distinction.. .. ..
Il est là haut une puissance qui se rit des vains
projets des hommes, et celui qui a relevé mira-
culeusement le trône des Bourbons ne voudra pas
laisser renverser son ouvrage; alors toutes les cri-
minelles espérances seront confondues, et *la
France, levée en masse, proclamera elle-même qu'elle
est la plus sage.*

.. **Pauvre** gens, que ceux qui croient que l'on peut
impunément s'écarter des principes reconnus et
suivis depuis le commencement du monde! Vous
avez beaucoup d'esprit, c'est vrai ; mais cela ne
suffit pas pour gouverner, et votre nouvelle épreuve
échouera peut-être comme les autres. Que sont devenus votre Assemblée constituante, votre Assemblée législative, votre Convention, votre Directoire;
votre Consulat, votre Empire et votre Empereur?
De tout cela, qu'est-il resté? les Bourbons. Après
la trahison des cent jours, qu'est-il resté? les Bourbons. Dieu a jugé à propos de mettre la destinée de
la France entre leurs mains, il n'est au pouvoir de
personne de changer cet arrêt divin. Le présent et
l'avenir des Royalistes sont donc écrits dans ces
deux mots : RÉSIGNATION, ESPÉRANCE.

L'avenir apprendra au monde qui de nous

ou du libéralisme a trompé la France; qui de nous ou du libéralisme voulait son repos et sa prospérité; l'avenir prouvera si l'existence d'un gouvernement, qui porte en lui tous les principes de désordre, peut nous donner ce repos que nous attendons avec anxiété et dont le commerce a un si grand besoin, lui qui ne vit que par l'ordre et qui entraîne dans sa fortune ou dans sa ruine celle de l'industrie qui comprend les classes les plus nombreuses et les plus intéressantes de la société. Le pouvoir libéral est impossible : les quarante dernières années qui viennent de s'écouler ont convaincu la France de cette vérité; Dieu sait ce qu'elle a payé son instabilité! L'assassinat du plus vertueux des rois, la proscription, l'incendie des châteaux, la confiscation des biens du clergé et des émigrés; le sang répandu par torrens; les milliards follement dissipés et enfin le joug d'un usurpateur qui est venu peser sur la France, comme pour la punir du crime de ses enfans. Aujourd'hui les mêmes symptômes se représentent de toutes parts; pour s'en convaincre on n'a qu'à lire le procès du *Mémorial de Toulouse;* les émeutes de Paris; les scènes déplorables de Tarascon, de Grenoble, etc. Il reste à savoir si la France veut encore de la terreur et du despotisme, ou si elle veut d'une sage liberté entendue avec tous ses intérêts. Voilà les malheurs qui ont accablé la France pour s'être écartée du principe de la légitimité ; voilà les malheurs qui la menaceraient de nouveau, si la Providence nous abandonnait ; mais non, elle veille sur la patrie de Saint-Louis ; et nous ne devons pas nous étonner de ce qui arrive aujourd'hui, car, à plusieurs autres époques, la France s'est trouvée dans une position aussi déplorable que celle où nous sommes, et toujours la Providence est venue la remettre dans le chemin de la foi et du bonheur. Si l'on retraçait l'histoire de tous les troubles qui se sont succédés depuis le premier roi de la race Capétienne, qui a 943 ans d'existence, on serait frappé de la ressemblance de certaines époques avec la nôtre ; ce sont toujours des ambitieux qui soulèvent les peuples pour satisfaire leurs passions, et qui les abandonnent quand ils triomphent, qui les flattent quand ils sont vaincus, et qui finissent presque tous par être méprisés aussitôt que la nation s'aperçoit qu'elle a été trompée.

Chacun sait que Hugues Capet a été appelé au trône par la volonté de la nation, qui était sans doute inspirée de Dieu, car c'est sa famille qui a rendu la France ce qu'elle est aujourd'hui, grande et forte. Quand Hugues est monté au trône, le royaume était exposé à une dissolution totale; mais la sagesse et la bravoure de ce prince l'ont sauvé d'un péril inévitable. «Les princes Capétiens, dit un historien, ont donné à la monarchie une consistance, un éclat, une force qui auraient dû la rendre indestructible; mais tout-à-coup s'est développé un germe de faction et d'indépendance, que depuis long-temps y déposaient des esprits jaloux, vains et irréfléchis.» Charles de Lorraine, héritier direct de la couronne, suscita des troubles pour reconquérir le royaume, que ses fautes et *la volonté du peuple* lui avaient enlevé; il arriva avec une armée allemande; après avoir pris Laon, il fut fait prisonnier et renfermé dans une tour d'Orléans où il mourut. *Il ne laissa pas d'enfans.*

En 1177, Louis-le-Jeune conclut un traité avec le rois d'Angleterre, où il est dit: «Je secourrai de toutes mes forces, moi Henry, Louis, roi de France; et moi, roi de France, de tout mon pouvoir, le roi d'Angleterre, *mon homme et mon vassal.*» Ce qui prouve que si la France était tranquille au-dedans, ce n'était pas aux dépens de son honneur au-dehors.

. . . .

. . . .

. . . .

. . . .

En 1216, le fils de Philippe-Auguste est couronné roi d'Angleterre, mais à sa mort *les Anglais trouvèrent injuste de faire souffrir des fautes de leur père ses enfans innocens.* Ils proclamèrent Henri III, l'aîné des fils du roi détrôné.

En 1226, plusieurs seigneurs se soulevèrent contre la régence de Blanche de Castille. Ces ambitieux ne pouvant rien obtenir de la fermeté et de la sagesse de la régente, résolurent de l'attaquer. Mais, comme il arrive toujours dans ces coalitions séditieuses, le complot échoua par la défaite du comte de Toulouse. La ligue était à peu près soumise, à l'exception du duc de Bretagne, qui persistait dans sa rébellion, en s'appuyant sur l'Angleterre; mais Henri III l'ayant abandonné, il fut obligé d'aller faire amende honorable au pied du trône de Louis IX, qui lui pardonna. Ce prince partit en 1249 pour les croisades, où il montra le même courage contre les infidèles que sur les bords de la Charente contre les Anglais. Le roi disait souvent à ses soldats : « Ne me regardez pas comme

un prince en qui réside le salut de l'état et de l'é-
glise; vous n'avez en moi qu'un homme dont la
vie, comme celle de tout autre, n'est qu'un souffle
que l'Éternel peut dissiper quand il lui plaît. Mar-
chez avec confiance; si nous restons victorieux,
nous acquerrons au nom chrétien une gloire qui
remplira l'univers; si nous succombons, nous ob-
tiendrons la couronne du martyre. » Pendant que
Louis travaillait à la gloire de la France, le royaume
fut troublé par les désordres des *pastoureaux*, qui
avaient su s'attirer les cultivateurs de la campagne
et surtout les bergers. Cette association commença
par les exhortations véhémentes d'un nommé Jacob, qui prêchait la croisade aux pauvres et aux
petits, *Dieu n'aimant pas les riches;* il se fit en
peu de temps plus de cent mille disciples. Il leur
distribua des drapeaux; mais *à mesure que l'association grossissait, il changeait de discours.* Après
n'avoir parlé que de dévotion, il se mit à invec-
tiver les moines, les évêques et la cour de Rome.
Quand Jacob prêchait, il était entouré de satel-
lites qui étaient prêts *à convaincre* les incrédules.
Un clerc d'Orléans osa contredire le nouveau
Saint-Simonien, et, pour toute réponse, un des disciples lui fendit la tête d'un coup de hache. Jacob

avait des lieutenans à Amiens, à Bordeaux et à Paris où il vint s'installer dans l'église Saint-Eustache, et où il fut soutenu par la populace qu'il flattait, et par qui il faisait porter ses *passeports pour l'autre monde* à plusieurs prêtres et membres de l'université dont le plus grand nombre ne lui échappa qu'en se cachant. Blanche de Castille n'avait d'abord vu dans cette association qu'un dévouement qui allait porter des secours à son auguste fils ; mais elle se repentit bientôt de l'avoir tolérée dans le principe, et commença à prendre des mesures salutaires contre ces furieux. La plupart revinrent d'eux-mêmes, avouant qu'ils avaient été séduits, et on leur pardonna. Quant aux plus fougueux et aux chefs, Blanche ordonna qu'on les laissât passer, qu'on aidât même ceux qui voudraient s'embarquer ou quitter le royaume de tout autre manière. Ce défaut de chefs les dérouta totalement et en fit rentrer un grand nombre dans leurs foyers. Ainsi s'écoula ce torrent, parce qu'on lui ouvrit un passage.

Si un homme obscur comme Jacob a pu trouver cent mille partisans aveuglés par quelques beaux discours, peut-on s'étonner que de nos jours des hommes à grande réputation aient séduit le peuple par des promesses de liberté. Les conspirateurs commencent toujours par prêcher ce qui flatte le peuple, comme Jacob prêcha d'abord les croisades pour s'attirer une population de fidèles ; mais *à mesure que l'association grossissait, on changeait de discours,* comme à notre époque on a d'abord dit aux Français qu'il s'agissait d'obtenir plus de liberté, de faire exécuter la Charte, et quand le signal des conjurés a sonné, on a brisé la Charte, on a donné au peuple de la misère, au lieu de la prospérité qu'on lui promettait ; où sont les libertés tant désirées et tant promises ?

Comme on fait ordinairement un tableau effrayant du caractère despote et perfide de nos anciens rois, je citerai les derniers conseils de Louis IX à son fils ; ils sont de nature à ne plus laisser de prise à la médisance : « Aime Dieu de » tout cœur. *Sois doux et complaisant pour les pau*» *vres. Soulage-les tant que tu pourras. Ne mets sur* » *ton peuple de tailles et de subsides que les moins* » *onéreux qu'il sera possible,* et seulement pour les » affaires très-pressantes. Recherche la compagnie » des prudens, fuis les mauvais. Ne souffre pas que » personne dise devant toi des paroles de médi» sance ou d'impiété. Fais justice, mon fils, à toi

» et aux autres. Tiens ta promesse. Si tu as le bien
» d'autrui, rend le promptement. Conserve la
» paix. *Si tu es forcé à la guerre, ménage le mal-*
» *heureux peuple.* Aime-le, mon cher fils. Veille
» sur les juges, et informe-toi souvent de la manière
» dont ils rendent la justice. »

En 1300, la France courut de grands dangers ;
mais ils furent bien amoindris par l'habileté de
Philippe IV, qui avait à la fois à contenir la révolte
des Flamands, une émeute à Paris et à parer les
trames d'Edouard, dont les vues sur la France
étaient très-hostiles. C'est sous le règne de Philippe
que pour la première fois on assembla les *états
généraux* où le *tiers-état* fut admis.

Philippe alla visiter ses nouvelles conquêtes de
Flandre, qui déployèrent pour sa réception un
luxe remarquable. Cela devint funeste à ces provinces, car Jacques de Châtillon, qui en fut le
gouverneur, leva des impôts exorbitans pour payer
le voyage. Le peuple s'en plaignit. Un nommé
Pierre Le Roi cria plus haut que les autres, et fut
mis en prison. Aussitôt les corps de métiers se
soulèvent, courent à la prison et mettent les
détenus en liberté. Châtillon prend des mesures
pour apaiser l'émeute. Il amène des troupes qui

devaient faire rentrer dans le devoir les séditieux ; « mais la troupe de ceux-ci est secondée par les femmes et les enfans, qui, des fenêtres et du haut des toits, font pleuvoir une grêle de pierre et de tuiles, et jusqu'à des meubles sur les gens du gouverneur ; ils les mettent en fuite, les poursuivent vivement et en font un grand carnage. »

Des murmures menaçans partaient de tous les points de la France. Deux choses y donnaient lieu : la multiplicité des impôts et l'altération des monnaies. À Paris, le peuple se porta à de grands excès contre les partisans de Philippe-le-Bel, qu'on appelait *faux monnoyeur ;* il pilla leurs maisons, et démolit celles des plus signalés d'entre eux. Le roi s'était retiré au Temple ; la populace l'investit et le tint deux jours renfermé sans permettre que les vivres mêmes y parvinssent. Enfin, le roi fut remis en liberté. Pendant ce temps le roi d'Angleterre intriguait pour profiter à son avantage des troubles de Paris et de la Flandre ; mais tout fut déjoué. Après plusieurs expéditions malheureuses, le roi alla lui-même à l'armée, et défit les Flamands, après avoir apaisé les Parisiens. Ses succès intimidèrent Edouard, qui n'osa tenter les chances de la guerre contre Philippe.

En 1316, Louis X laissa la reine Clémence enceinte. Alors Philippe, comte de Poitiers, prit la régence en attendant la naissance de l'enfant. Comme on s'attendait à quelque tumulte, le premier soin de Philippe fut de convoquer au Louvre tous les seigneurs et pairs du royaume. Cette assemblée décida que si la reine accouchait d'un fils Philippe aurait la régence jusqu'à dix-huit ans, mais qu'il serait roi si elle accouchait d'une fille. Clémence mit au monde un fils, qui fut appelé Jean, mais il ne vécut que huit jours. *Après la mort de l'héritier direct de la couronne, Philippe monta sur le trône.*

En 1320, Philippe V eut l'intention de recommencer les croisades, alors les *pastoureaux* de 1240, reparurent. Ils quittèrent leurs terres et formèrent des attroupemens qui inquiétaient tous les gens paisibles. Ils marchaient armés, volaient et pillaient partout sur leur passage. Ces fanatiques avaient un proscrit à leur tête; leur fureur s'exerçait principalement sur les juifs Cinq cents se réfugièrent dans une tour où ils se défendirent longtemps contre les assiégeans; mais manquant de vivres et de munitions, ils jetèrent leurs enfans sur les *pastoureaux*, et enfin, pour ne pas tomber vifs dans leurs mains, ils chargèrent le plus courageux d'entre eux de les égorger tous. Ce jeune homme, après avoir rempli sa terrible mission, se présenta aux *pastoureaux*, qui le taillèrent en pièces. Ils se portèrent sur Paris et prirent de vive force le Petit-Châtelet, et allèrent défiler devant les troupes qu'on préparait contre eux. Mais Philippe imita la conduite de Blanche de Castille, et défendit qu'il leur fût fait la moindre violence; il les laissa se dissiper d'eux-mêmes comme un torrent qui se perd sans ravage quand on ne lui oppose pas d'obstacles.

En 1449, la France se trouva dans le plus déplorable état. La défaite de Créci, l'abattement de la nation qui semblait porter sur son front l'humiliation de son souverain, le poids accablant des impôts, les cabales à la cour, les troubles intérieurs et la peste affreuse qui parcourait l'univers au 14e siècle, tout cela faisait présumer une dissolution prochaine; mais *la fortune de la France* veillait à son salut.

En 1455, la trève avec l'Angleterre allait finir, et il fallait de l'argent pour se préparer à une défense proportionnée à l'attaque. A cet effet, Jean II convoque les états-généraux, où il fut décidé :

«Que ce qui serait proposé n'aurait de validité
«qu'autant que les trois ordres y concourraient
« unanimement, et que les voix de deux des ordres
« ne pourraient lier, ni obliger le troisième, qui au-
« rait refusé son consentement. » Il paraît, d'après
cela, que dans l'ancienne monarchie il y avait certaines franchises qui prouvent qu'on n'était pas
aussi abruti qu'on le répète à satiété [1].

Les états-généraux décidèrent qu'on opposerait
aux ennemis une armée de 90,000 combattans,
et que si cet impôt ne suffisait pas, les états
se réuniraient dans un an pour y suppléer. La

[1] On nous dit sans cesse que sous l'ancienne monarchie les
Français n'étaient que d'indignes serfs, menés par des seigneurs
toujours pédans et despotes, qui faisaient travailler sans salaire,
qui levaient des impôts sans aucune autre forme que leur volonté, et qui dilapidaient la fortune publique. Il faut une forte
dose d'ignorance pour croire à toutes ces absurdités. On voit,
au contraire, qu'en 1355 le roi Jean-le-Bon assembla les *états-
généraux*, et que le *tiers-état* avait plus d'influence qu'aujour-
d'hui. Il fut décidé qu'on établirait une gabelle sur le sel et une
imposition sur toutes les choses comestibles, afin de subvenir
aux frais de guerre. Personne, roi, reine, enfans de France,
prince du sang, n'en fut exempt. Les états se réservèrent le
droit de nommer ceux qui leveraient l'impôt, et le roi approuva
cette réserve. Ces deniers furent uniquement consacrés aux dépenses de ce genre, le roi ni ses gens ne pouvant rien en détourner
pour quelque usage que ce fût. Les préposés furent investis du
pouvoir, sous la foi du serment, de désobéir et de résister à
toutes violences.

bonne intelligence des états et de Jean-le-Bon, fit murmurer ceux qui conspiraient la perte du royaume sous des dehors pleins de bonheur pour lui ; l'hypocrisie est familière aux ambitieux ; pour être bon conspirateur, il faut savoir jouer la comédie. Jean-le-Bon partit pour l'armée, qu'il rejoignit à Poitiers, où, après une défense admirable, il fut fait prisonnier par les Anglais. Aussitôt qu'on apprit cette fâcheuse nouvelle dans le Languedoc, on vota une levée d'hommes et de deniers proportionnée aux moyens des habitans. « On défendit les danses, les spectacles, les con-« certs, les fourrures précieuses, l'or, les perles, « les diamans, jusqu'à ce que le roi fût délivré. » Un nommé Etienne Marcel, prevôt des marchands de Paris, et président du tiers, acquit en cette occasion une grande autorité. Il s'associa Robert Le Coq, homme d'esprit, parvenu à la prélature par l'intrigue. « Ceux qui lui ressemblaient se dévouèrent à ces deux hommes, et formèrent un groupe d'ambitieux prêts à tout faire contre l'honneur et le bien du pays, qu'ils étaient chargés d'obtenir par leurs fonctions de représentans du peuple, et qui en résultat ne voulaient que les places les plus imminentes du royaume. »

Les états s'assemblèrent à Paris, et après diverses manœuvres de Marcel, les trois ordres se trouvèrent presque unanimement du parti de cet homme. Au lieu de commencer par obtenir la liberté du roi, en votant un impôt, Marcel insinua qu'il fallait d'abord s'occuper de la réforme du royaume. Ceux qui s'opposèrent à cette manière de procéder furent exclus ; et on décida que tous ceux qui avaient obtenu la confiance du roi dans la magistrature et les finances, seraient dépouillés de leurs emplois publics, qu'on ferait le procès aux plus fidèles d'entre eux, et que, n'importe les peines qu'ils subiraient, leurs biens seraient confisqués et vendus. Le Dauphin fut fort étonné de ces proscriptions, prononça la dissolution des états ; au grand chagrin de Marcel et des autres conjurés. Malheureusement le Dauphin quitta Paris pour aller à Metz ; et le prevôt des marchands profita de cette absence pour continuer ses intrigues.

A son retour de Metz, M. le Dauphin, lieutenant-général du royaume, envoya plusieurs personnes négocier avec Marcel. De nombreux rassemblemens se formèrent aussitôt à la porte de la salle où étaient les négociateurs du Dauphin ; ils firent retentir l'air de mille injures. Les pro-

positions ne plurent pas aux factieux, et le prevôt des marchands fit cesser les travaux, ordonna
de fermer les boutiques, de prendre les armes ;
et il se forma en un moment une armée de
forcenés prêts à tout faire. Tout menaçait d'un
mouvement général ; on eût dit que la France était
à son dernier instant. Le roi était prisonnier des
Anglais ; le Navarrois intriguait, et Marcel se faisait des partisans dans la populace. Le lieutenant-général céda aux circonstances, et accorda à
Marcel la saisie des biens des officiers et des magistrats attachés au roi ; mais ils se sauvèrent et
laissèrent Marcel maître des conseils du jeune prince.
Alors, il convoqua de nouveau les états ; les factieux allaient lever des impôts, sous le prétexte de
faire face aux événemens, lorsque le roi écrivit
qu'il était inutile de surcharger le peuple, qu'il
était sur le point de conclure un traité qui lui ren-
dait la liberté. Marcel fut déjoué, et s'écria : « L'argent que nous avons voté ne sera point pour le
roi, puisqu'il n'en a plus besoin ; mais comme
je suis averti que le Dauphin rassemble des troupes
qu'il veut faire entrer dans Paris, il nous vient fort
à propos pour prévenir ses dangereux projets. » Sur
ce perfide avis, les Parisiens s'obstinent à payer la

taxe, s'imposent de service militaire, font poser des chaînes aux coins des rues et des carrefours, voient de sang-froid abattre leurs maisons dans les faubourgs, pour en employer le terrain en fortifications, et prêtent eux-mêmes la main à ce genre de démolition, qui, dix ans auparavant et lorsque le roi d'Angleterre campait à Poissy, avait failli occasionner une révolte, ce qui, dans cette occasion, prouva que l'esprit de faction pouvait plus que le patriotisme.

Marcel s'était formé un conseil de douze échevins, et il n'y eut plus de respectés que les députés du tiers; ceux du clergé et de la noblesse usèrent de circonspection ; ils se contentèrent de ne pas se laisser entraîner par le torrent sans s'y opposer, *« persuadés qu'une puissance usurpée s'anéantit « d'elle-même par ses propres excès, et que, pour la « détruire, il n'y a qu'à la laisser insolemment « triompher.* [1] *»*

Cette inertie servit bien le lieutenant-général. Le peuple cessa un instant de s'intéresser à la faction, dont le crédit déclina sensiblement. Alors, le Dauphin appela auprès de lui Marcel et ses échevins, et après leur avoir reproché leurs trahisons,

[1] Anquetil, vol. III, pag. 220.

il sortit de Paris. « Les Parisiens sentirent les suites de cet abandon ; ils députèrent au Dauphin, le prièrent de revenir et lui promirent une soumission entière. » Le jeune prince se laissa de nouveau gagner ; il revint, et convoqua les états-généraux.

Marcel demanda la liberté du roi de Navarre, et il l'obtint du lieutenant-général, qui avait pris le titre de régent, afin d'être plus utile pendant la captivité de son père. Dans toutes les villes où passait le Navarrois, il donnait la liberté aux voleurs et assassins, qui l'accompagnaient en le chargeant de bénédictions. Il arriva à Paris suivi de cette noble escorte, et fit de beaux discours aux Parisiens, qu'il appelait ses sauveurs. Tout à coup il lance des imprécations contre les conseillers du roi, et contre le roi lui-même, en disant qu'il avait été martyrisé parce qu'il voulait le bonheur du peuple ; et il insinua que s'il s'agissait de revendiquer la couronne, il lui serait aisé ; il ne la réclamait pas cependant, parce que la tranquillité du peuple lui était plus chère et plus précieuse qu'un trône. « Mais, je vous aiderai, ajouta-t-il, je vous aiderai de toutes mes forces à exterminer le monstre de la maltôte. Opposez vos généreux efforts à la servitude qui menace de vous opprimer ; soyez les libérateurs, les sauveurs de la patrie ; je n'épargnerai ni mes biens, ni mes amis, ni mon royaume, ni ma personne pour vous assiter dans une si noble entreprise. Jamais, s'écria-t-il, non jamais je ne vous abandonnerai ! Je me lie irrévocablement à votre fortune, et les tourmens de la prison que j'ai déjà soufferts pour votre défense n'ont fait qu'augmenter la résolution de mourir s'il le faut pour votre service. » Tant de perfidie et de dissimulation ne pouvaient que faire une grande impression sur un peuple passionné et inconstant de sa nature. A la suite de cet événement, le roi de Navarre demanda une foule de concessions que Marcel appuyait de son autorité, et qui furent accordées par le régent, en considération de l'imminence du danger. Il demanda entre autres de relâcher les prisonniers, « larrons, voleurs de grands chemins, faux mon- « nayeurs, faussaires, ravisseurs de femmes, per- « turbateurs du repos public, assassins, sorciers, « sorcières, empoisonneurs, » et autres coupables dont le *sauveur* et le *libérateur* de la patrie ne rougit pas de dresser lui-même la liste infâme.

Le roi de Navarre et Marcel étaient sur le point de triompher, lorsque tout changea de face, après l'assassinat de Marcel par un nommé Maillard.

Jean, *après quatre années d'exil rentra dans son royaume*. Pour premier acte de son autorité, il régla sa maison, en distribua les charges, ordonna la rentrée du parlement, que les troubles avaient dispersé, et remit en grâce le roi de Navarre qui voulut se prosterner aux pieds de son beau-père, et promit, avec sa sincérité ordinaire, « qu'il lui « serait dorénavant bon, loyal et fidèle sujet et fils. »

« Les Parisiens reçurent le roi avec une magnificence et des démonstrations de joie qui touchaient le cœur sensible de ce prince. Aux marques d'attachement ils joignirent des présens en meubles et bijoux, et mille marcs d'argent. »

Ainsi finit cette révolution par le triomphe du bon droit et la honte des conspirateurs. C'est ce que nous voyons se répéter continuellement dans l'histoire de notre pays. Qui lit une révolution en lit dix. La Ligue et la Fronde eurent les mêmes symptômes, les mêmes événemens et les mêmes résultats. La naissance des Ligueurs de 1576, fut la même que celle des Ligueurs de toutes les époques, ils disaient : « Nous nous obligeons à em-« ployer nos biens et nos vies pour le succès de « la sainte union, et à poursuivre jusqu'à la mort « ceux qui voudront y mettre obstacle. Tous ceux

« qui le jureront seront sous la sauve-garde de
« l'union ; et, en cas qu'ils soient attaqués, re-
« cherchés ou molestés, nous prendrons leur dé-
« fense, même par la voie des armes, *contre quelque*
« *personne que ce soit.* » Cela n'a pas empêché
qu'Henri de Béarn ne vainquît la Ligue et les ambitieux qui la dirigeaient, quoiqu'ils fussent appuyés sur les bayonnettes étrangères.

Quant à la Fronde, les événemens ont trop de
ressemblance avec ceux d'aujourd'hui, pour que je
n'en dise pas deux mots.

Cette époque de notre histoire n'a pas besoin
de commentaires. Chacun saura y trouver sa place ;
chacun verra dans la Fronde notre passé, notre
présent et notre avenir.

Après la mort de Louis XIII, la régence fut
donnée à Anne d'Autriche, mère de Louis XIV,
ce qui excita la jalousie du prince de Condé, du duc
d'Orléans et de Gaston, qui firent tous leurs efforts
pour être seuls souverains. Après quelques démê-
lés avec le parlement, Louis XIV, âgé de dix ans,
quitta Paris devant plus de deux milles barricades.
Les Frondeurs s'épuisèrent en efforts impuissans
pour empêcher le retour du Roi, qui eut lieu

en 1552, c'est-à-dire quatre années après son départ.

Les émeutes furent très-fréquentes pendant les quatre années qui séparèrent Paris de son roi ; on maltraitait alors les *Mazarins* comme on maltraite aujourd'hui les *Carlistes*. « Un jour qu'on avait dit que la salle de l'hôtel-de-ville était pleine de *Mazarins*, il s'éleva dans la place de Grève un cri d'indignation. Aux invectives, les plus échauffées s'ajoutait une grêle de pierres. Les gardes y répondirent par des coups de fusils. La vue du sang augmenta la fureur ; les gardes se sauvèrent. » Cette anxiété, ces émeutes, ces bruits ne faisaient nullement reprendre le commerce de Paris, presque anéanti depuis le départ du Roi, et tout le monde se plaignait ; chacun indiquait ses plaies, mais personne n'osait nommer le remède, tant on craignait la colère du duc d'Orléans, de Gaston et de Condé, qui s'étaient emparés des rênes du gouvernement. Tous ces grands faiseurs se sont trouvés, après quatre années, comme le premier jour de leur usurpation de pouvoir ; ils n'avaient pas même eu la force de faire quelque chose pour eux ; unis avant le combat, ils se divisèrent après la victoire, et au lieu de travailler à de bonnes lois, ils n'employaient l'autorité du parlement que pour faire des actes transitoires, ou bien pour prononcer, tantôt l'exclusion, tantôt le banissement de Mazarin.

« Enfin, les confidences des conversations et les écrits qui parurent, fixèrent l'opinion publique sur Condé. A l'affection dont le prince avait joui succédèrent la haine et le mépris. Les assemblées de l'Hôtel-de-Ville et du parlement furent abandonnées. »

« Tous les jours étaient marqués, dit Anquetil, par des brouilleries et des raccommodemens qui fatiguaient Gaston, qui impatientaient Condé, qui donnaient au parti un air de cabale, et en dégoûtaient insensiblement les honnêtes gens que la prévention y avait jusqu'alors attachés. Ceux qui étaient auparavant les plus emportés contre la cour avouaient leurs torts. Tout le peuple se serait volontiers jeté dans les bras de son roi. *Les vœux les plus empressés des Parisiens étaient de le voir revenir au milieu d'eux.* » Gondi et Gaston s'apercevant de ces dispositions voulurent se donner l'honneur du retour, et négocièrent pour le roi, qui

-n'ignorait pas cette hypocrisie. « Le duc d'Orléans
« offrit alors de se retirer à Blois, et de ne plus se
« mêler de rien, pourvu qu'on assurât son état,
« celui des princes et de leur partisans, par une
« amnistie honorable. Ce qu'il demandait fut ac-
« cordé. Une amnistie générale proposée par la
« cour, sous la condition que les princes désarme-
« raient trois jours après la publication [1]. »

[1] Ce fait répond d'avance au *Courrier Français* du 8 juin,
qui dit que, si Henri V revenait, *ce serait pour faire périr la liberté, livrer le trône à l'aristocratie, livrer les patriotes aux
menottes des gendarmes et aux exécutions des cours prévô-
tales, étouffer dans les liens de la censure la liberté de la
presse, corrompre les élections et reconstituer la chambre ar-
dente de* 1815.

S'il devait en être ainsi, je serais complètement de l'avis du
Courrier français, et je redouterais moi-même une restauration qui nous amenerait tant de fléaux à la fois. Mais je réfute ce
journal, parce que je suis convaincu qu'il n'y a de restauration
possible qu'avec une *amnistie générale*, un gouvernement *réel-
lement* à bon marché et soutenu par des capacités, l'appel de
tous les Français payant une imposition quelconque aux colléges
électoraux, la liberté de la presse, l'abolition du monopole et de
la centralisation, les élections directes des maires et adjoints,
enfin, les *franchises provinciales*. Je ne comprends pas autrement une restauration future, car il ne peut maintenant exister
de rois qui ne soient appuyés par la nation, et pour avoir cela,
il faut que la *volonté de la nation* puisse se manifester, non par
deux cent mille électeurs, mais par quatre, cinq ou six millions
de Français qui en ont le droit.

« Les Parisiens, dit Anquetil, qui s'étaient passionnés contre Mazarin, sans trop savoir pourquoi, et parce qu'on avait su leur inspirer de la haine, *revinrent eux-mêmes à leur devoir*, sitôt qu'ils eurent sous les yeux des exemples de soumission.

« La députation du clergé en provoqua d'autres. Les six corps marchands envoyèrent à la cour des députés qui furent très-bien reçus et traités aux dépens du Roi. Après eux, les colonels des quartiers, un bourgeois et un officier de chaque compagnie, au nombre de 149, allèrent conjurer S. M. de revenir dans sa bonne ville. Ils furent accueillis avec encore plus de distinction que les autres, non-seulement traités aux dépens du Roi, mais servis par ses officiers, au bruit des timbales et des trompettes, et visités, pendant le diner, par le jeune monarque et le duc d'Anjou son frère. Il faut être Français pour concevoir l'effet de pareils égards marqués à propos. Le peuple, en apprenant l'accueil fait à ses députés, devint ivre de joie, et les Parisiens se faisaient raconter les détails, se répétaient les uns aux autres les plus petites particularités, et finissant toujours par cette question : *Quand reviendra-t-il ?*

« *Le duc d'Orléans, effrayé de cet enthousiasme
général, leur criait de ne pas se hâter*, de lui donner
le temps de finir son traité ; que leur empresse-
ment rompait toutes ses mesures. *Eh! qu'importait
à ce peuple détrompé l'intérêt des chefs qui l'avaient
séduit et entraîné dans la révolte! Tous savaient
au contraire qu'ils n'avaient rien à craindre du rétablissement de la puissance royale, qu'il ne pouvait
au contraire leur en revenir que de la sûreté et de
la tranquillité.*

« La partie du parlement restée à Paris, et l'Hôtel-
de-Ville, voulurent aussi faire des députations ;
mais la cour tint ferme à les regarder comme in-
terdites, et ne pouvant être reçus en corps, les
membres se mêlèrent du moins parmi les autres
députés. *Ils annulèrent aussi d'eux-mêmes, ou re-
gardèrent comme non avenues et sans force toutes
les dispositions seditieuses : élections irrégulières
d'un gouverneur et d'échevins anti - royalistes ;
création d'un conseil d'union, concession du titre
de lieutenant-général au duc d'Orléans, et celui de
généralissime à Condé. Gaston connut alors à quoi
doivent s'attendre les sujets les plus élevés, les princes
du sang même, quand ils se séparent du Roi.* C'est

du trône qu'ils tirent tout leur éclat ; et *s'ils ac-
coutument les peuples à mépriser l'autorité, tôt ou
tard ils sont punis par le mépris où ils tombent eux-
mêmes. Le duc d'Orléans avait peine à s'avouer
cette vérité humiliante, dont il faisait partout l'ex-
périence ;* il aurait voulu se persuader à lui-même,
et persuader aux autres qu'il pouvait résister avec
succès, s'il s'obstinait, et qu'il ne cédait que par
condescendance.

« Ainsi ces grands événemens qui attirèrent l'attention de l'univers, considérés sous un autre point
de vue, ne sont souvent que des comédies, dont
les acteurs, s'ils étaient vus de près, inspireraient
plus de pitié que d'estime.

*La Fronde se termina comme une pièce de
théâtre. Après les incidens qui formèrent l'intrigue et soutinrent l'intérét, l'arrivée du principal
personnage opéra le dénouement. Les autres dis-
parurent de la scène, la toile tomba, et il ne
resta plus de ces troubles qu'un souvenir qui
fut bientôt effacé par les années brillantes de
Louis XIV.*

«Le 21 octobre, le monarque rentra dans sa capitale, au milieu des acclamations du peuple, dont

la joie se signalait par des transports difficiles à dépeindre. »

Eh bien, a-t-il existé en Europe une famille qui ait survécu à tant de malheurs, qui ait échappé à tant de dangers : je n'en connais pas. Les Stuarts ont pu périr ; *mais le gouvernement légitime des Bourbons sera le gouvernement éternel* [1].

[1] C'est M. Pasquier qui l'a prédit.

DU MOUVEMENT

ET

DE LA RÉSISTANCE.

Sans compter les Royalistes, il y a maintenant deux partis qui se disputent l'avenir de la France : ce sont les hommes du *mouvement* et les hommes de la *résistance*. Ces derniers veulent rester dans un *statu quo* à tout prix, tandis que leurs adversaires veulent la guerre... quand même ! Ils ne désirent pas seulement une de ces guerres rendues indispensables quand l'honneur national est froissé ; mais ils demandent à grands cris la *propagande* et l'agression.

Pour juger les hommes du *mouvement* et ceux de la *résistance*, il suffit de savoir s'il y a plus de gloire à être continuellement en guerre avec ses voisins, qu'à régner paisiblement sur ses peuples, à ne vouloir que leur bonheur et non pas leur ruine ; à voir s'élever sous de sages lois une génération nouvelle, et non pas à faire de la France une nouvelle *fabrique de genre humain*.

Si la guerre est quelquefois nécessaire, il faut au moins, dans ces temps de désolation, savoir saisir l'enthousiasme du peuple que l'on dirige, car la défaite suit de près le découragement. Par exemple : si l'on eût fait la guerre au mois de septembre, on eût peut-être vaincu l'Europe, parce qu'elle avait à se préparer et à contenir ses peuples contre la contagion révolutionnaire ; tandis qu'aujourd'hui on combattrait avec beaucoup moins de garanties favorables. Les rois ont réprimé les insurrections partielles qui nous auraient secondés, et ont fait des levées extraordinaires, qu'ils conserveront p'us long-temps que nous, n'étant pas soumis au gouvernement représentatif. Si donc on eût fait une guerre de propagande en septembre, la Pologne, la Belgique et l'Italie, les réfugiés espagnols et portuguais devenaient nos auxiliaires ; et aujourd'hui il seraient forcés d'être contre nous. De plus, il y avait une foule de gens trompés par les apparences de la révolution, qui se sont désabusés en voyant les tristes réalités de leurs songe-creux, et qui se sont singulièrement refroidis :

Le poëte Lapierre, va établir d'une manière lucide cette différence de gloire, que je serais honteux de traiter après lui :

La vertu ! la vertu ! point de bonheur sans elle !
Et vous, esprits ardents qui, pleins d'un noble zèle,
Voulez d'un vif éclat voir vos noms revêtus
Il n'est point ici-bas de gloire sans vertus !
Qu'Alexandre, emporté comme un coup de tonnerre,
Vole, et porte la mort aux deux bouts de la terre,
Socrate dans les fers, la ciguë à la main,
Est plus grand qu'Alexandre et son brillant destin !
Ces conquérans hardis qui ravageant le monde
Promènent en tous lieux leur course vagabonde,
Ces soldats que leur glaive à jamais rend fameux,
Ils ne sont bien souvent que des brigands heureux.
Voyez-les entraînés par un feu téméraire
A travers les états s'élancer, et la guerre
Par la flamme et le fer marquer leurs pas sanglans :
L'univers ébranlé jusqu'en ses fondemens
Tressaille au seul aspect d'un monarque intrepide
Dont la soif d'acquérir fut toujours le seul guide :
Tout tremble à son approche, et les rois effrayés
Abaissent devant lui leurs fronts humiliés.
S'il porte un jour le nom de fils de la victoire
Il l'aura mérité. … Mais, est-ce là la gloire ?
Des lauriers brilleront sur son front éclatant ;
Mais quels lauriers que ceux qu'on cueille dans le sang !
Ses exploits étonnans et son heureuse audace
Au rang des grands héros pourront marquer sa place ;
Et, transmettant son nom à la postérité,
Le rendre immortel. … mais, quelle immortalité !

  .   .   .   .

  .   .   .   .

La gloire attend ce roi qui, sage sur le trône,
Sans vouloir rehausser l'éclat qui l'environne,
Accroître les honneurs dont il est revêtu,
Sous la pourpre avec lui fait régner la vertu ;
Qui, trompant des flatteurs la bassesse hypocrite,
De ses justes bienfaits honore le mérite ;
Qui ne prodiguant pas le sang de ses sujets

Fait fleurir son royaume à l'ombre de la paix.
Chacun dans ses états l'aimera comme un père,
Et si l'on ne voit pas les peuples de la terre,
Le front pâle et courbé, trembler à son aspect,
L'amour des nations vaut mieux que leur respect.
Il n'aura point brigué l'éclat de la victoire,
Le sang ne sera pas la source de sa gloire;
Ses vertus, et non pas un courage indompté,
Voilà, voilà son titre à l'immortalité!
Son nom ne mourra point, et l'avenir fidèle
A tous les rois futurs l'offrira pour modèle.
La gloire! tout poursuit ce fantôme brillant;
Nous aimons tous la gloire, et cet amour ardent
Peut faire des héros de tous tant que nous sommes!
Mais la vertu fait plus, elle fait les grands hommes.
C'est elle qui, fertile en nobles dévoûmens,
A jadis de la Grèce animé les enfans,
Qui peuplant de guerriers les rocs des Thermopyles
Dispersa du grand roi les cohortes serviles;
Et brisant les efforts du Perse épouvanté,
Du sang d'un Roi martyr scella la liberté.

Plus loin le poète dit :

Interrogez les temps : lorsqu'aux rives du Tibre
Habitait la vertu, Rome était grande et libre.
Mais quand l'or des vaincus, corrompant les vainqueurs,
Des Romains avilis eût dégradé les mœurs,
Ils courbèrent leurs fronts sous d'indignes entraves :
Ils étaient des héros, ils furent des esclaves.

En effet, que sont devenues toutes ces grandeurs dont Rome était si avare? A quoi lui a servi
d'avoir vaincu l'univers, d'avoir eu autant de hé-

ros que de soldats? Après avoir courbé la tête des rois, leurs voisins, ils revenaient dans leur patrie pour ramper sous Sylla et César; ils avaient vingt Néron contre un Marc-Aurèle ou un Antonin.

Le sage Fénélon exprime à peu près la même pensée que le poète, lorsqu'il dit : « Un roi en-« tièrement tourné à la guerre voudrait toujours « la faire pour étendre sa domination et sa propre « gloire; il ruinerait son peuple. A quoi sert-il à « un peuple que son roi subjugue d'autres nations, « si on est malheureux sous son règne? D'ailleurs « les longues guerres entraînent toujours après elles « beaucoup de désordres ; les victorieux même se « dérèglent pendant ces temps de confusion. Voyez « ce qu'il en a coûté à la Grèce pour avoir triomphé « de Troie !

« Jamais aucun peuple n'a eu un roi conqué-« rant sans avoir beaucoup souffert de son ambi-« tion. Un conquérant, enivré de sa gloire, ruine « presque autant sa nation victorieuse que les na-« tions vaincues. »

Je suis entièrement de l'avis du poète Lapierre, et de son aîné, le savant archevêque de Cambrai, quant à cette opinion qu'il y a plus de gloire pour un roi à voir ses peuples jouir de la paix qu'à les envoyer mourir dans des pays étrangers, privés de leur famille et de leurs amis. Et quoi de plus terrible et de plus effrayant que de mourir sur un champ de bataille, sans consolations, sans regrets, entouré de morts et de mourans. A quoi bon aller chercher inutilement ce que les hommes du *mouvement* appellent de la gloire, et ce que je nomme, moi, qui n'ai pas les idées belliqueuses, de la témérité, car il m'est impossible d'admirer l'inhumanité d'hommes qui s'étudient à tuer d'autres hommes par principes, avec plus ou moins de ruse et de brutalité.

UN MOT

sur

LA BELGIQUE ET LA POLOGNE.

LA nation qui n'a pas de roi pour soutenir sa dignité compromet son bonheur et sa sécurité future. Que l'on se représente le déplorable état de la Belgique, et l'on aura une juste idée des malheurs qui menacent tous les peuples inconstans. Par le présent, on peut deviner l'avenir, comme par l'aurore on peut juger de la sérénité du jour. Plus de tranquillité, plus de commerce maintenant; la misère a succédé au calme et à la prospérité ; la guerre civile et la désolation succèderont à la misère, et le démembrement de la Belgique sera peut-être la fin tragique de cette nation, qui s'était révoltée pour obtenir sa nationalité et le libre exercice de la religion catholique opprimée par le protestantisme.

La Belgique s'est insurgée à l'exemple de la France ; et, en cas d'échec, elle comptait sur son appui. Les Belges ne savaient pas qu'en France on voulait un changement d'hommes et non une révolution, et qu'une fois les doctrinaires au pouvoir, les ambitieux satisfaits, quelques intrigans contentés, ce même pouvoir ne voudrait plus s'occuper que de sa propre conservation ; et que, pour arriver à ce but, aucun sacrifice ne lui coûterait : cinq cent mille hommes bien armés, voilà sur quoi les doctrinaires espèrent se maintenir au-dedans ; des assurances d'amitié, et l'abandon de leurs frères de Belgique, de Pologne et d'Italie, voilà leur politique au-dehors ; l'oppression à l'intérieur et six cent millions de plus au budget : c'est absolument le despotisme de l'empire, moins la gloire militaire, moins d'immenses et fertiles conquêtes, moins le beau caractère national, moins la prospérité du commerce et de l'industrie !

Les doctrinaires n'ont travaillé ni pour la révolution, ni pour la restauration ; ils n'ont travaillé que pour eux, et la Belgique a été leur première victime. Je vais examiner en peu de mots ce que le ministère français, né de la révolution de juillet, a fait pour les peuples qui ont, à son exemple, renvoyé leurs rois légitime, c'est-à-dire sacrifié leur repos à des utopies. Les cinq grandes puissances, dans un protocole daté de Londres, ont déclaré l'*indépendance de la Belgique* et lui ont accordé *le libre choix d'un souverain.*

Ici commence une longue série d'intrigues : chaque parti s'agite et se met en mesure de faire triompher sa cause ; les plus belles renommées, les plus grandes réputations viennent se briser devant l'inconstance du peuple qu'ils ont soulevé pour leur plus grande gloire, et qui vient ensuite les déclarer déchus de leur popularité, qui passe à d'autres pour les quitter bientôt, et voltiger ainsi d'ambitieux en ambitieux. Enfin le congrès national s'occupe de choisir un souverain à la Belgique et d'user de la *liberté* que lui accorde le protocole de Londres. Une communication de M. Sébastiani est annoncée, en voici un extrait :

Paris, 21 janvier 1831.

« J'ai été chargé de vous faire connaître, d'une manière « *nette et précise*, les intentions du gouvernement du « *Roi. Il ne consentira point à la réunion de la Belgique* « *à la France ; il n'acceptera point la couronne pour M. le* « *duc de Nemours*, alors même qu'elle lui serait offerte « *par le congrès. Le gouvernement verrait dans le choix* « *du duc de Leuchtemberg une combinaison de nature à* « *troubler la tranquillité de la France.* NOUS N'AVONS POINT « LE PROJET DE PORTER ATTEINTE A LA LIBERTÉ DES BELGES

« DANS L'ÉLECTION DE LEUR SOUVERAIN, mais nous usons
« aussi de notre droit en déclarant, de la manière la plus
« formelle, que nous ne reconnaîtrons point l'élection de
« M. le duc de Leuchtemberg »

Je laisse répondre un membre du congrès national de Bruxelles :

« Je demande l'impression de cette lettre, *non*
« *par égard pour la nature de la communication*,
« mais pour qu'il soit bien connu à la face de l'Eu-
« rope que LA FRANCE RENIE LE PRINCIPE DE SA PROPRE
« EXISTENCE ; qu'elle veut être indépendante et li-
« bre, et qu'*elle ne sait pas respecter l'indépendance*
« *et la liberté des autres nations.* »

En effet, selon M. Sébastiani, la Belgique est *libre*
de choisir son gouvernement, à condition qu'elle
ne s'établira pas en république, qu'elle ne se réu-
nira pas à la France ; à condition qu'elle ne nom-
mera roi ni le duc de Nemours, ni le duc de Leuchtemberg ; à condition qu'elle ne fera pas choix d'un
roi indigène, etc., etc.

On assure que M. Sébastiani, d'accord avec les
autres puissances, aurait voulu voir le prince
d'Orange au trône de Belgique. Si le fait est vrai,
il est curieux de voir un ministre de la révolution

française demander que l'on rétablisse la légitimité en Belgique : on serait tenté de croire qu'il a des remords. Du reste, il est évident que l'on eût tranché le nœud gordien en agissant ainsi ; alors plus de guerre ; le calme et la prospérité renaîtraient d'un tel état de choses, les partis finiraient par se donner la main, *car la race des vrais rois tôt ou tard est chérie*, et, sous son égide protectrice, on s'habitue aisément à aimer le bonheur. Mais en considérant l'opiniâtreté des Belges, ou plutôt des intrigans qui les dirigent, on désespère d'un si beau résultat : il me semble voir un blessé qui refuse une amputation salutaire, et qui meurt dans les souffrances aiguës de la gangrène.

Le congrès a abandonné les réalités d'un heureux avenir pour courir après les illusions libérales ; il a préféré être balloté par les tempêtes et joué par les flots, plutôt que d'entrer dans le port qui s'offrait à lui. Il a nommé le duc de Nemours roi des Belges ; mais le roi des Français a refusé le trône pour son fils, et M. Surlet de Chokier a été nommé régent. M. de Potter a fait de grands efforts pour faire proclamer la république, mais il n'a point été écouté et le congrès vient de d éclarer, au nom du peuple belge, roi, le prince de Saxe-

Cobourg. Si le prince accepte, cet événement sera d'un grand préjudice à la France ; nous verrons où le gouvernement nous mènera avec son absurde principe de la non-intervention !

Si le prince accepte et que M. Sébastiani *consente*, il sera curieux d'avoir vu les Belges décréter l'exclusion de la famille Nassau, parce qu'elle était protestante, et puis ensuite se choisir un nouveau roi qui est protestant et qui, de plus, est allié à la famille d'Angleterre, dont ils deviendront les très-humbles vassaux.

L'effervescence populaire, fléau inséparable des révolutions, eût été encore plus grande, si les puissances n'avaient empêché la Belgique de se choisir un roi indigène. C'est alors que les conspirations eussent été employées par les plus ambitieux pour arriver au pouvoir qu'ils convoitaient peut-être depuis long-temps ; et, après avoir conspiré contre les Nassau, leur dynastie, la constitution et la nation elle-même, après s'être fait des partisans à force d'or et de brigues, après avoir tout fait pour arriver à une révolution, le nouvel élu aurait sans doute joué le rôle de roi populaire, il aurait fait les plus belles protestations d'amour pour la liberté, il se serait plaint souvent d'avoir été arraché de sa vie paisible et solitaire pour être placé sur un trône qui n'avait jamais été l'objet de son ambition ; mais, comme ordinairement l'*amour de la patrie* l'emporte sur la vie paisible et solitaire, il se fût *résigné* à accepter un trône offert *par la volonté du peuple*, c'est-à-dire par trois ou quatre cents *zélés patriotes* à qui, en revanche, on eût donné les meilleures places, et à force d'économies et de sacrifices de ces derniers, on serait parvenu à doubler les budgets de l'Etat.

Quant à la Pologne, c'est une seconde édition de la révolution belge ; mais peut-être que les effets n'en seront pas les mêmes ; elle ira de victoires en victoires jusqu'à sa ruine ; car les Russes ont infiniment plus de ressources que leurs adversaires, abandonnés de toute l'Europe.

Depuis long-temps la Pologne est un foyer de révolutions ; la stabilité est étrangère à ses mœurs : le défaut de stabilité a motivé son démembrement et lui réserve sans doute de nouveaux malheurs. Les Polonais ont réclamé, eux aussi, l'appui de la France, et ils avaient quelque droit de le faire ; car ils ont été ses auxiliaires ; ils ont partagé ses revers et sa gloire. Voici un extrait de leur manifeste :

« Si la Providence a décrété dans sa sagesse que
« la Pologne soit à jamais esclave ; si la liberté,
« dans ce dernier effort, succombe sur les ruines
« des cités et des cadavres de ses défenseurs, notre
« ennemi régnera sur un désert de plus, et le Po-
« lonais loyal mourra avec cette consolation dans
« le cœur, que si le Ciel ne lui a pas accordé le
« bonheur de sauver sa patrie et sa liberté, il a
« du moins, par cette lutte à mort, mis à cou-
« vert, pour un instant, les libertés des peuples
« menacés.

« Français ! peuple passionné de liberté et d'in-
« dépendance, c'est à vous que s'adressent les
« Polonais ; nous avons droit de faire un appel à
« vos cœurs ; car, engageant le combat pour la
« même cause, nous avons le même but, la même
« intention ; c'est le même feu sacré qui nous en-
« flamme et nous unit à vous ; c'est le même esprit
« qui nous anime : nous ne formons avec vous
« qu'une seule famille. N'abandonnez pas notre
« cause, le Polonais triomphant vous servira de
« bouclier. Mais nous avons besoin de votre assis-
« tance, braves Français ; secourez-nous de votre
« or, de votre crédit, de votre médiation et de vos
« troupes.

« Quand le soleil de juillet a relui sur nos rives,
« au milieu des brumes de l'hiver ; quand, impa-
« patiente du joug, la Pologne a brisé ses chaînes,
« *elle comptait toujours sur la sympathie, sur l'ap-*
« *pui de votre noble nation qui défend l'humanité ;*
« ELLE ÉTAIT SURE QUE LA FRANCE NE SE RÉFUSERAIT
« PAS A PAYER LA DETTE DU SANG QUE NOS BRAVES ONT
« JADIS VERSÉ POUR SA DÉFENSE.

« Partout le sang polonais a coulé par torrens
« pour la cause des Français, et les os polonais,
« dispersés dans toutes les parties du monde à côté
« des ossemens français, ne vous crient-ils pas :
« Secourez une nation de frères, secourez vos al-
« liés fidèles ? »

A quoi M. Sébastiani a répondu : « Le peuple
« polonais a des droits *à la bienveillance et à l'amitié*
« de la France ; seul entre tous, par une exception
« unique, et dont *l'histoire lui tiendra compte*, il
« nous est resté fidèle aux jours de l'adversité.
« Les maux de la Pologne retentissent au fond de
« nos âmes ; mais que pourrons-nous pour elle ?
« Quatre cents lieues nous séparent. Disons-le
« avec douleur : *Nous ne pouvons rien pour la Po-*
« *logne !* »

Eh bien ! braves Polonais, soldats religieux et

pleins de générosité, que dites-vous de l'ingratitude du gouvernement de votre ancienne alliée? Que vous rend-on pour tout le sang que vous avez versé pour elle? Vous avez sacrifié votre repos pour imiter la France dans sa révolution ; mais n'attendez rien de sa reconnaissance, elle n'en a pas. On prend pour prétexte la longueur de la route, comme si la valeur française reculait devant quatre cents lieues à parcourir pour secourir un peuple de frères qui va succomber sous les coups de la Russie!

Si la restauration a fait mal au cœur de quelques personnes cuirassées de ses décorations, enrichies de ses trésors et honorées de ses dignités, elle a du moins soutenu le principe de son existence ; elle a secouru les opprimés de tous les pays sans distinction de mœurs et de croyances ; elle a proclamé l'indépendance d'Haïti ; elle a délivré l'Espagne de plusieurs milliers de vagabonds qui tuaient et pillaient au nom de la liberté et de la constitution ; elle a chassé de la Grèce les Turcs qui désolaient cette terre classique, et elle a brûlé la flotte turco-égyptienne qui voulait s'opposer à cette pacification si digne d'un petit-fils de Saint-Louis ; elle a fait la conquête d'Alger, en dépit des remontrances de l'Angleterre. Voilà les œuvres de cette *restauration qui fait mal au cœur*; essayez de les comparer avec celles du ministère actuel, qui laisse massacrer les braves Polonais, qui livre la Belgique à l'anarchie, et abandonne l'Italie, après avoir dit à la France et à l'Europe que si les Autrichiens entraient dans les états du Pape, la France interviendrait; à l'événement, le ministre-diplomate avoua le fait, mais il ajouta qu'*il n'y avait pas consenti*. Quelle habileté! Mais il ne faut pas s'étonner de toutes ces inconséquences : les hommes du *juste milieu* parlent beaucoup d'humanité, et ils ne rêvent que la tyrannie : leur Dieu, c'est l'or; leur vertu, l'égoïsme; leur talent, l'hypocrisie; leur patriotisme et leur amour pour la liberté, l'ambition.

Pauvres Belges! pauvres Polonais! qu'avez-vous gagné à faire une révolution? Le désordre, l'anarchie, la guerre étrangère, la guerre civile, la ruine du commerce, du crédit, de l'industrie : voilà les résultats qui attendent tous les peuples qui s'insurgent selon leur bon plaisir; car dans un empire il faut de l'ordre et de la stabilité avant tout, et un gouvernement né de l'effervescence, n'est pas propre à procurer ce bonheur, ayant

en lui les germes du désordre et de l'instabilité.

Mirabeau avait bien raison quand il s'écriait, à
l'occasion des grandes réputations populaires : « Et
« moi aussi, un jour on a voulu me porter en
« triomphe, et le lendemain j'entendais crier à ma
« porte : *La grande conspiration du comte de Mi-*
« *rabeau;* et moi aussi, je sais qu'il n'y a qu'un pas
« du Capitole à la roche Tarpeïenne. » En effet, que
sont devenus toutes les anciennes et nouvelles
idoles du peuple ? Que sont devenus les Pétion,
les Saint-Just, les Marat, les Robespierre et les
Couthon ? ils ont été guillotinés aux acclamations de ce peuple qui les avait presque adorés.
Et plus récemment encore, qu'est devenu ce Bonaparte dont le peuple avait si bien accueilli les
immortels hauts faits ? il l'a laissé mourir sur un
rocher, il a applaudi à son dernier départ comme
il avait applaudi à sa rentrée. Que sont devenus
nos hommes populaires depuis quinze ans ? ils
ont tous perdu ce beau joyau que le peuple
donne et reprend selon son caprice. Qu'est devenu
M. de Potter ? on l'a oublié depuis qu'il ne se
fait plus persécuter pour être aimé. Qu'est devenu le fameux Mina, le *libérateur* de l'Espagne,

où il n'a pu trouver un asile à sa dernière tentative d'invasion? il ère dans les pays étrangers, et personne ne parle de lui que comme d'un ennemi de la tranquillité de sa patrie, qui lui a donné une preuve éclatante de son inimitié en repoussant ses offres de *pacification*. Où est le général Zucchi? il expie sa faute dans une tour d'Autriche, d'où ses compatriotes ne le retireront que quand ils auront l'envie d'être tourmentés, ce qui veut dire qu'il y restera long-temps. Et le brave dictateur Chlopicki? c'est maintenant un traître qui s'est permis d'écrire à Nicolas. Voyez Bolivar, il n'a pu réussir qu'à organiser une guerre civile dans les contrées qu'il voulait *pacifier*, et heureusement pour lui il est mort avant de voir périr son système subversif.

Enfin tout se dépopularise aujourd'hui; les journaux ne sont déjà plus que des fauteurs de troubles; les avocats des bavards; les banquiers sont ruinés par la révolution qu'ils ont faite. Il aurait fallu plus de quarante années de restauration pour démasquer ainsi tous ces faux patriotes.

Qui ne se rappèle l'éloge pompeux que l'on faisait il y a quelques mois des immortels 221; hé bien, aujourd'hui, ce sont tous des *Carlistes*.

Jusqu'à l'éloquent M. Dupin, qui s'est donné tant de mal pour sauver les journaux libéraux de quelques procès, il a manqué d'être immolé à la fureur du peuple, qui est allé chez lui, armé de haches et de sabres. Et tant d'autres exemples qui prouvent que les peuples perdent leur repos et leur fortune à faire des révolutions, et que les *hommes populaires* y perdent leur popularité, et quelquefois la vie.

Mais sachez vous résigner, courageux Polonais; méprisez l'ingratitude du gouvernement de la France; et *si la Providence a décrété dans sa sagesse que la Pologne soit à jamais esclave*, sachez mieux comprendre votre devise : *Dieu et la patrie !* Un jour peut-être, jour de miséricorde et de justice, votre patrie sera secourue comme la Grèce, et alors vous pourrez distinguer l'ivraie du froment.

Voici la dernière prière qui a été prononcée dans les églises de Varsovie :

« Vierge sainte ! douce mère des mortels ! mille huit cent trente et une années se sont déjà écoulées depuis que votre oreille se réjouit d'entendre ces paroles prononcées par l'ange : *Vous enfanterez le Sauveur des nations.* Intercédez aujourd'hui pour que votre divin

Fils envoie aussi un ange consolateur à un peuple qui a été fidèle à sa loi depuis tant de siècles. Que la Pologne, qui vous appelle sa reine ; que la Pologne, *qui fut si souvent le plus ferme appui de toute la chrétienté,* redevienne florissante sous l'abri du saint Évangile, et soit aussi l'égide de la liberté des peuples. Vierge sainte ! si le Tout-Puissant a décidé, dans sa sagesse profonde, que notre patrie toute chrétienne doit souffrir, comme votre divin Fils, la mort du martyr, que sa gloire fasse partie de la gloire éternelle du monde ! »

Dans cette prière est écrite l'incompatibilité qui existe entre les révolutionnaires de France et les héros de la Pologne ; les uns invoquent la Vierge et son Fils, tandis que les autres ferment les églises ; les uns marchent au combat un crucifix à la main, tandis que les autres font abattre les croix, dévastent les temples de Dieu, et suppriment les aumôniers des régimens !

RELIGION CATHOLIQUE.

L'ARTICLE de la nouvelle charte qui abolit la religion de l'état est sans contredit un des actes les plus importans de la révolution de 1830 ; il est l'œuvre d'une irréflexion condamnable ; il prouve la dégradation sensible de notre époque. Chaque chose n'a qu'un temps ; petit-à-petit la nature redevient ce qu'elle était aux siècles de sa création : la corruption est honorée, la vertu et le mérite sont proscrits comme des ennemis de la liberté, quand ils ne le sont que du vice.

Le Fils de Dieu fut envoyé sur la terre pour y racheter les hommes de l'esclavage du péché, et y donner l'exemple de la vertu la plus pure. Le Christianisme fut depuis lors reconnu pour la meilleure de toutes les religions, puisque dans lui se trouve la vraie lumière. Il est la religion de tous les peuples civilisés et instruits. Reste plusieurs millions d'habitans de l'Asie et de l'Afrique qui n'ont d'autres connaissances et d'autre volonté que celles de leurs maîtres, aussi ignorans qu'eux ; mais , s'ils étaient en état d'apprécier les doctrines du Christianisme, toute la terre deviendrait chrétienne.

Une autre classe d'hommes est plus dangereuse que ces idiots, que ces esclaves : ce sont les doctrinaires, les professeurs payés par des contribuables catholiques et qui enseignent l'athéisme avec l'approbation d'un gouvernement qui lui-même est salarié par les catholiques, lesquels, d'après la *charte-vérité*, sont en majorité en France. Cette classe d'hommes est bien plus pernicieuse que la première, par son instruction et son influence sur les hommes dont la vertu est facile à ébranler. Les athées ne doutent de rien : un orgueil vil, une vanité démesurée les élève au-dessus du reste des hommes ; chacun d'eux se croit un demi-dieu, tant l'humilité est étrangère à leur cœur, infatué des vanités humaines.

Le manque de foi qui règne aujourd'hui nous annonce quelque catastrophe prochaine ; et il ne peut en être autrement, quand on considère l'état des esprits, en France particulièrement. Tout en parlant de civilisation et de liberté, nous retournons vers ces siècles barbares dont la force physique faisait toute la gloire. Si donc une nouvelle impulsion ne nous est pas donnée, nous nous avançons rapidement vers l'abîme. Il ne faut pas consulter, pour connaître l'état de la société, cet esprit dévastateur qui paraît de l'enthousiasme et de l'énergie, c'est une lumière qui va s'éteindre et qui jette une grande flamme avant de finir; si le corps social peut être comparé au corps humain, il est semblable à cet homme en délire qui, peu d'instans avant de mourir, se trouve beaucoup mieux, et fait mille projets téméraires; il veut se lever, marcher; il se soulève en effet et se croit déjà un géant, mais il retombe aussitôt; et ce dernier effort a causé la mort de ce pygmée. Le poète Louis Racine, qui est pour moi une autorité, a prédit cette chûte du monde que je regarde comme inévitable, si la société ne prend pas un nouvel essor. Voici un passage tiré du poème de la *Religion*:

Ils sont prédits les jours où par des pleurs sincères
L'enfant effacera l'opprobre de ses pères.
Tremblons à notre tour : ils sont aussi prédits
Les jours où l'on verra tous nos cœurs refroidis;
Ce temps fatal approche. O liens salutaires,
Vous captivez encore quelques âmes vulgaires;
Mais un sublime esprit vous brave hautement,
Et se vate aujourd'hui de penser librement.
Il doute, il s'en fait gloire, et sans inquiétude,
Porte jusqu'au tombeau sa noble incertitude.

Tout était adoré dans le siècle païen ;
Par un excés contraire on n'adore plus rien.
Il faut qu'en tous ses points l'oracle s'accomplisse,
Il faut que par degrés la foi tombe et périsse ;

Ce jour dont l'univers fut toujours menacé :
Jour de miséricorde ainsi que de vengeance.
Déjà je crois le voir, j'en frémis par avance !
Déjà j'entends des mers mugir les flots troublés ;
Déjà je vois pâlir les astres ébranlés ;
Le feu vengeur s'allume, et le son des trompettes
Va réveiller les morts dans leurs sombres retraites,
Ce jour est le dernier des jours de l'univers.
Dieu cite devant lui tous ses peuples divers :
Et pour en séparer les saints, son héritage,
De sa religion vient consommer l'ouvrage.
La terre, le soleil, le temps, tout va périr,
Et de l'éternité les portes vont s'ouvrir.

Je reviens à la religion. La majorité des Français est catholique, et la France est athée ; et remarquez que c'est l'état qui le veut ainsi, lui qui retire le plus d'avantages que notre religion soit bien observée ; lui qui devrait désirer qu'elle se propageât à l'infini, puisqu'elle enseigne qu'il faut aimer ses ennemis comme soi-même ; que les riches doivent employer leur fortune à soulager les malheureux ; que les larmes de ceux qui souffrent se changeront en une éternelle source de bonheur. Il n'y a pas de religion qui prêche mieux l'obéissance envers les supérieurs ; il n'y a pas de religion qui aime tant la pratique de la vertu. Et c'est cette sainte religion qui est méconnue par un gouvernement qui se fait appeler l'ami de la vérité ! C'est au moins une injure faire à la majorité des Français, puisque cette majorité est catholique et qu'elle paie des contributions pour que son culte soit protégé spécialement. Le gouvernement tolère toutes les religions, rien de mieux ; mais il ne peut être de toutes les croyances ; car, en étant de toutes, il n'est d'aucune et il proclame ainsi l'athéisme au nom d'un peuple plein de foi et d'honneur.

Uu jour peut être, et le gouvernement se repentira de son peu de prévoyance, car le plus grand des fléaux de la société, c'est l'indifférence en matière de religion ; le nombre des crimes se multiplie avec le nombre des impies. Quand je considère les chimères et les folies qu'on substitue à la religion catholique, j'éprouve je ne sais quel indicible mépris pour l'espèce humaine.

Je sais bien que ces argumens sont incohérens avec l'esprit du siècle ; mais que m'importe : s'ils trouvent encore quelques approbateurs je serai satisfait. Quant à tous ces beaux esprits, ces riches, ces heureux du siècle, qui ne pensent qu'à leur ambition et qui se rient de l'infortune des autres, je leur dirai : Il ne faut jamais se lasser de faire du bien aux hommes ; il faut les servir moins pour eux que pour l'amour de Dieu qui l'ordonne. Un bienfait n'est jamais perdu : si les hommes l'oublient, Dieu s'en souvient et le récompense.

« Je suis riche, dites-vous, et ceux qui ne le sont pas doivent me servir comme un maître de qui dépend leur existence ; les honneurs et les hommages m'appartiennent de droit. » Vous êtes riches, il est vrai ; mais à qui devez-vous cet or que vous vous surprenez si souvent à admirer ? c'est à Dieu : lui seul vous a donné ces immenses biens qui font vos délices. Mais ils ne sont pas pour vous seuls ; ils ne sont pas destinés à créer chez vous de nouvelles passions. Vous n'en êtes que les dépositaires ; la propriété étant à celui dont *la tête touche aux cieux, et les pieds aux enfers*, vous lui devez le compte le plus scrupuleux de l'usage que vous en faites. Vous ne devez chérir vos richesses que quand vous trouvez l'occasion de faire des heureux ; autrement, elles sont un fardeau insupportable pour celui qui n'a pas la vertu d'en disposer selon les vœux de Dieu. Riches, heureux du siècle, craignez la justice de Dieu ; quand la mort arrivera, quand vous serez dégagés de mille illusions, que de tristes découvertes ! Par combien de remords ne serez-vous pas dévorés si vous n'avez consciencieusement disposé de la fortune que vous tenez de Dieu pour le bien-être de tous ceux qui vous entourent, et dont il vous demandera compte des actions et de la conduite. Vous qui avez eu le pouvoir de faire le bien et qui avez fait le mal, vous serez jugés plus sévèrement que les hommes pauvres d'or, mais riches de vertus ! Et pourtant ! il vous serait si facile d'obtenir les grâces du Seigneur et l'amour des hommes ! Soyez généreux sans vanité, doux et humbles sans faiblesse ; sachez vous faire obéir sans arrogance et sans mépris pour vos serviteurs, dont l'âme est peut-être aussi pure que la vôtre ; soyez bienfaisans et libéraux sans prodigalité et vous serez chéris sur la terre ; vous serez considérés comme des hommes envoyés de Dieu pour la félicité du genre humain et non comme des êtres sans pitié ; vous serez aimés comme vous le devez être ; on ne parlera de vous que pour chanter vos louanges et non pour lancer l'anathème ; au lieu de prier Dieu qu'il purge la terre des intolérans, des avares et de tous les méchans qui la couvrent, on lui adressera les prières les plus ferventes pour que vous soyez dans le royaume des cieux, où vous serez portés sur les bras de tous les orphelins à qui vous aurez servi de père, de tous les vieillards de qui vous avez été l'appui, enfin de tous les malheureux que vous aurez secourus dans leur infortune; autrement attendez-vous à toutes les malédictions du ciel et de la terre; si vous n'êtes pas punis dans ce monde, votre châtiment n'en sera que plus sévère dans l'autre. Certes, la vie vous paraîtra délicieuse, vous irez d'illusions en illusions, d'espérances en espérances, mais vous vous arrêterez enfin, et en vous retournant, quand vous verrez tous les déréglemens dans lesquels vous avez passé votre vie, vous vous repentirez, mais il sera trop tard : votre destinée sera accomplie; un noir sépulcre sera là pour recevoir vos dépouilles mortelles, et la fumée du séjour des réprouvés vous suffoquera déjà.

(Ceci ne peut s'adresser qu'aux riches qui n'ont pas de religion, et qui considèrent leurs trésors comme des biens qui leur arrivent par l'effet du hazard, et qui doivent être embarrassés de satisfaire leurs passions; car les riches qui pratiquent notre sainte religion ne peuvent ainsi s'écarter de ses doctrines les plus efficaces : *la charité* et *l'amour de son prochain.*) ·

Que la vanité de toutes les grandeurs mondaines paraît dans un beau jour quand on pense que, de tous les heureux du siècle, il ne reste sur la terre, après la mort, qu'un peu de poussière. Je le demande, à la mort, reste-t-il un souvenir consolant de tout ce qui a flatté notre orgueil, de tout ce qui a satisfait notre cupidité? Non. On perd même de vue ce peu de jours qu'on a vécu, et si on se resouvient encore de tout ce qu'on a été, ce n'est que pour sentir avec plus d'amertume ce qu'on va devenir, que dis-je? ce qu'on est déjà. On était puissant, on possédait de grandes terres, tout est perdu, et il ne reste plus que le tombeau. Que sert à ce puissant monarque d'avoir commandé à une partie de l'univers, d'avoir été la terreur de ses ennemis, d'avoir été comme une divinité du monde? Fausse divinité vous êtes mortelle, et vous mourrez comme le moindre de vos sujets !

Le poète Thomas a rendu cette dernière idée dans de forts beaux vers, que voici :

Plus on est élevé, plus la chûte est terrible,
Et du trône au cercueil le passage est horrible.

Sur l'univers entier la mort étend ses droits ;
Tout périt, les héros, les ministres, les rois.
Rien ne surnagera sur l'abîme des âges :
Ce monde est une mer couverte de naufrages.
Qu'importe lorsqu'on dort dans la nuit du tombeau
D'avoir porté le sceptre ou traîné le rateau ?
L'on ne distingue plus l'honneur du diadême,
De l'esclave et du roi la poussière est la même.
Peuple, d'un œil serein envisage ton sort ;
N'accuse point la vie et méprise la mort :
La vie est un écueil, la mort est un asile ;
Ton sort est d'être heureux, ta gloire est d'être utile ;
Le vice seul est bas, la vertu fait le rang.
Et l'homme le plus juste est aussi le plus grand.

Il est à regretter qu'il y ait trop de philosophie dans ces vers, ou plutôt trop de matérialisme ; c'est-à-dire qu'ils ne respirent pas assez d'amour pour Dieu, qui doit être notre unique pensée lorsqu'il s'agit de quitter la vie pour se confier tout entier dans sa miséricorde divine. Si le poète avait conçu ses vers dans cette idée, qui doit être la seule, au lieu d'être beaux et harmonieux, ils eussent été sublimes.

Au reste, avant de terminer ce chapitre, je donnerai un dernier conseil au gouvernement : c'est de ne pas opprimer la religion de la majorité des Français, de lui accorder la protection consacrée dans la charte ; il s'en trouvera bien. S'il en était autrement, de grands malheurs pourraient affliger notre patrie ; car *un état privé du secours de la religion est un état mort; il chancelle d'abord comme un homme ivre et rentre ensuite dans la fange.* La religion est comme un rocher contre lequel viennent se briser les folies des hommes : les rois, les peuples, les lois disparaissent de la terre, et la religion est immortelle ! Comment ne le serait-elle pas, quand Dieu lui-même en est le fondateur ?

FIN.

POST-SCRIPTUM.

Si l'on trouve dans mes *Réflexions* la discussion de faits dont les événemens ont déjà fait justice, il n'y a rien de ma faute, et voici la cause du retard qu'a éprouvé la publication de ma brochure :

Les nombreuses poursuites qui sont dirigées contre les écrivains Royalistes, rendent la liberté de la presse illusoire. Ces mesures violentes, symptômes d'une grande faiblesse, intimident les imprimeurs, qui refusent le concours de leur métier aux écrits monarchiques, et le mien est de ce nombre. Cependant, je n'ai eu l'intention d'outrager personne, ni de provoquer à la désobéissance au gouvernement du 7 août; au contraire, je dis que les Royalistes doivent donner l'exemple de *la soumission aux lois; qu'ils veulent avant tout l'ordre public, la liberté et la gloire de la France;* qu'ils doivent renfermer leur présent et leur avenir dans ces deux mots : RÉSIGNATION, ESPÉRANCE ! En effet, comment n'espérerions-nous, pas puisque les hommes de juillet eux-mêmes désespèrent de leur cause; puisque M. de Pradt demande *ce que nous deviendrons ?* Puisque le *Journal du Commerce* s'écrie : *Ah! si la choses était à refaire !* .. Enfin il n'y a rien de répréhensible dans mes *Ré-*

flexions, et je défierais presque M. Persil d'y trouver le thème d'un réquisitoire. Au reste, les lois sont là, et elles ne doivent jamais être violées impunément.

Ce n'est qu'après avoir essuyé beaucoup de refus, après avoir consenti à biffer plusieurs phrases de mes *Réflexions*, à les défigurer par des changemens énormes ; enfin, à les refondre pour ainsi dire entièrement, qu'un imprimeur a bien voulu s'en charger ; et, cependant, la *charte – vérité* donne « à tout Français le droit de faire imprimer » ses opinions. » Par son article 7, elle défend, en outre, le rétablissement de la censure, et néanmoins, je suis forcé de retrancher plusieurs passages de mon ouvrage : ce qui équivaut, pour moi, à une censure officielle, car si je dois être censuré, il m'importe peu que ce soit par les agens directs du gouvernement, ou par un imprimeur qui redoute la colère de ce même gouvernement,

Que de déceptions ! que d'hypocrisie ! quel chaos a enfanté notre *glorieuse* révolution ! Ce n'était pas la peine de faire tant de bruit, de répandre tant de sang, pour arriver à des résultats si mesquins.

« *Parturiunt montes : nascitur ridiculus mus.* »

Imprimerie de POUSSIN, rue de la Tableterie.